Informazioni legali

© 2024
Autore ed editore: M.Eng. Johannes Wild
A94689H39927F
E-mail: 3dtech@gmx.de

L'impronta completa del libro si trova nelle ultime pagine!

Questo lavoro è protetto da copyright

Indice dei contenuti

Capitolo 1 - Introduzione

Grazie mille per aver scelto questo libro!

<u>Attenzione</u>: questo libro è il seguito del libro "Progetti CAD con Tinkercad | Modelli 3D Parte 1" (ISBN: 9783987421143) e del libro di base "Tinkercad | Passo dopo passo" (ISBN: 9783987420153). Chi non ha una conoscenza precedente di "Tinkercad" dovrebbe prima leggere questi due libri. Troverai ulteriori informazioni nelle ultime pagine di questo libro. Le nozioni di base sull'uso di "Tinkercad" <u>non</u> vengono quindi ripetute in questo libro.

Se invece hai già acquisito un po' di esperienza nell'uso di "Tinkercad" o se hai già a casa i libri citati, allora puoi dedicarti alla realizzazione di altri fantastici progetti. In questo modo potrai sviluppare ulteriormente le tue abilità nella costruzione di modelli 3D. Come forse già sai, lavoro come ingegnere (M.Eng.) e nei miei libri cerco di insegnare i processi tecnici e l'uso dei software nel modo più semplice e divertente possibile.

In questo libro conosceremo altri quattro progetti per la costruzione di oggetti 3D in "Tinkercad". Alcuni di essi sono molto complessi, altri sono un po' più semplici da creare. Ma non preoccuparti, lavoreremo su questi progetti insieme e passo dopo passo. Questo ti aiuterà a utilizzare le singole funzioni di "Tinkercad" con maggiore sicurezza e ad apprendere uno o due nuovi approcci per la costruzione dei tuoi modelli 3D. Più pratica guidata farai, più sarai in grado di affrontare progetti più complessi.

Probabilmente sai già che con "Tinkercad", oltre a progettare oggetti 3D, puoi anche progettare circuiti elettronici e imparare la programmazione. Tuttavia, questo libro - come il precedente - si occupa esclusivamente della costruzione di modelli 3D in "Tinkercad". Se anche tu sei interessato all'elettronica e alla programmazione, puoi dare un'occhiata al libro "Progetti Arduino con Tinkercad" (ISBN: 9783987420399). Puoi trovare maggiori dettagli nelle ultime pagine di questo libro.

E ora si parte! Iniziamo subito con il primo progetto. Ci cimentiamo nella costruzione di una lampada da tavolo!

Capitolo 2 | Modello 3D Progetto 1: Lampada da tavolo

Il nostro primo progetto insieme in questo corso sarà il modello 3D di una lampada da tavolo. Questo progetto è un buon progetto di riscaldamento perché è meno complesso dei progetti successivi. Puoi copiare il progetto nel tuo account "Tinkercad" utilizzando il seguente link.

https://tinyurl.com/3795bvjp

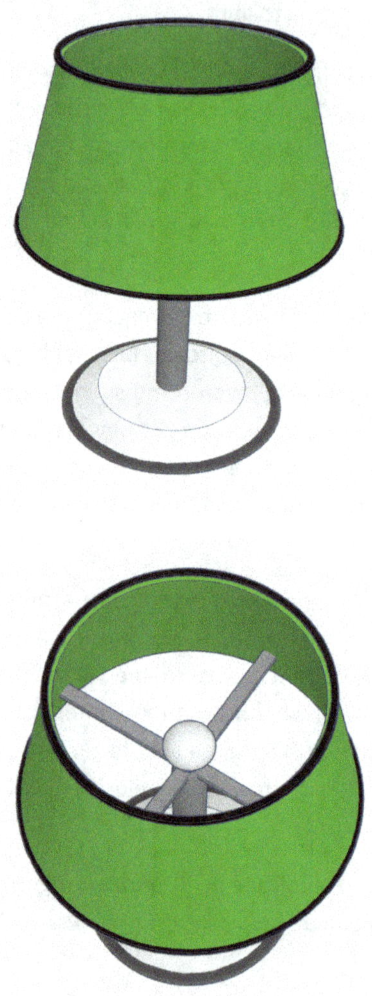

2.1 Il paralume

Come rivela il titolo del capitolo, iniziamo la costruzione della lampada da tavolo creando prima il paralume verde. Prima di farlo, creiamo un nuovo progetto per il modello 3D in "Tinkercad". Probabilmente puoi farlo da solo, ma per questo primo progetto ti mostrerò i passaggi. Probabilmente puoi già farlo da solo, ma per questo primo progetto ti mostrerò di nuovo i passaggi.

Dopo aver effettuato l'accesso al tuo account "Tinkercad" (www.tinkercad.com) e dopo esserti trovato nella pagina iniziale ①, clicca sulla scheda "Designs" ② nell'area a sinistra per creare un nuovo progetto, poi clicca sul pulsante "+ Create" ③ nell'area a destra e poi seleziona l'opzione "3D Design" ④.

Ora si apre un nuovo progetto e siamo pronti a partire. Costruiamo il paralume partendo da un corpo di base a forma di cono chiamato "Cone". Lo troviamo nella collezione di forme "Basic Shapes" ① nella sezione centrale ②.

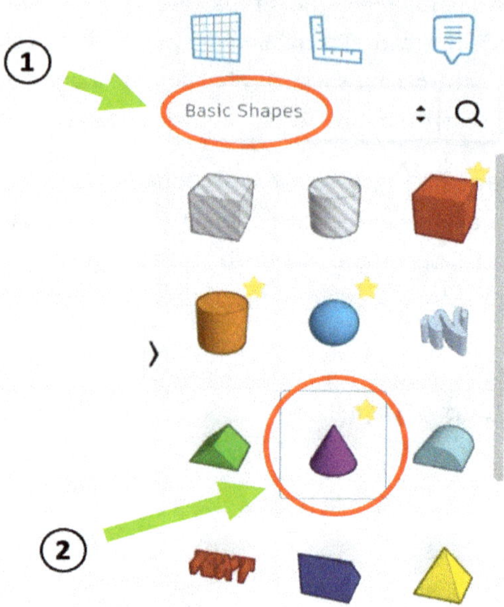

Posizioniamo questo corpo sul piano di lavoro utilizzando il drag-and-drop e ingrandiamolo in entrambe le direzioni a 50 mm. Clicca sul corpo, seleziona un punto d'angolo ① e inserisci le dimensioni ② e ③.

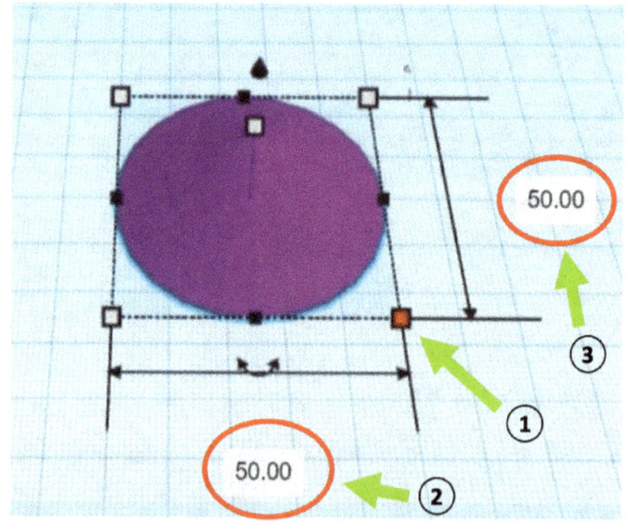

Modifichiamo anche l'altezza del corpo cilindrico a 28 mm. Per farlo, facciamo clic sul corpo, selezioniamo il punto limite superiore ① e inseriamo la dimensione ②. Inoltre, cambiamo il parametro "Top Radius" ③ a 7 mm e il valore di "Sides" ④ a 64 in modo che il cono assuma la forma del paralume.

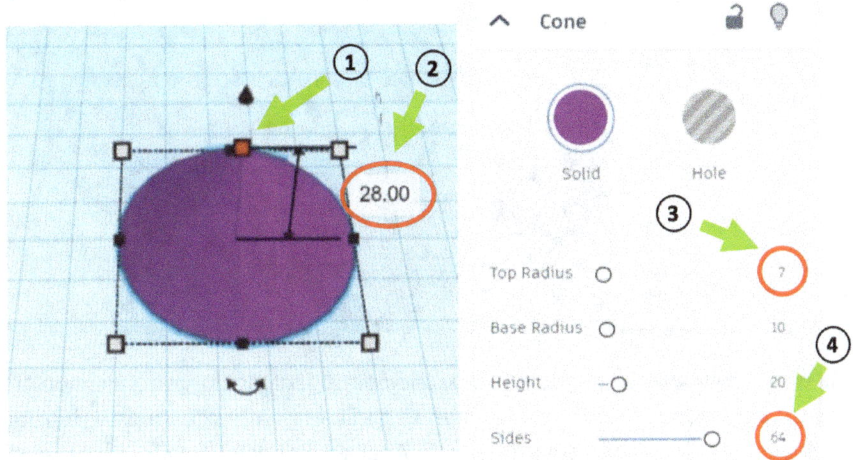

Poiché il nostro paralume è composto da due componenti, duplichiamo il corpo creato con il comando "Duplicate and repeat" dalla barra dei menu in alto a sinistra. Clicca sul corpo ① e seleziona il comando ②. In questo modo la parte duplicata viene posizionata in modo congruente rispetto all'originale; quindi, la spostiamo leggermente in fondo a sinistra ③. Modifichiamo la lunghezza e la larghezza del duplicato in 48 mm ciascuno ④.

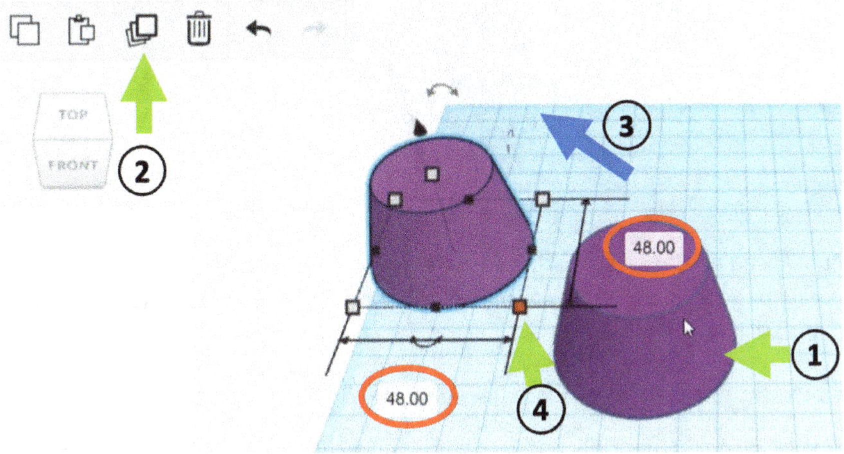

Per fare un lavoro preliminare per la base della lampada da tavolo, raddoppiamo la forma iniziale (① e ②) e la spostiamo, ad esempio, in fondo a destra. Questo ci evita di dover ricreare l'oggetto in una fase successiva.

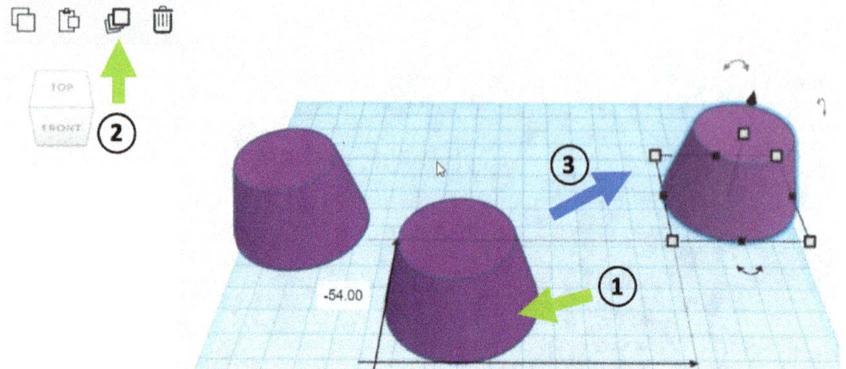

Ma ora ci occuperemo di nuovo del paralume. Utilizziamo l'oggetto che abbiamo creato per secondo ① per scavare il paralume. Affinché questo funzioni, dobbiamo passare dalla selezione "Solid" alla selezione "Hole" ② nelle sue impostazioni. L'oggetto deve essere selezionato per questo.

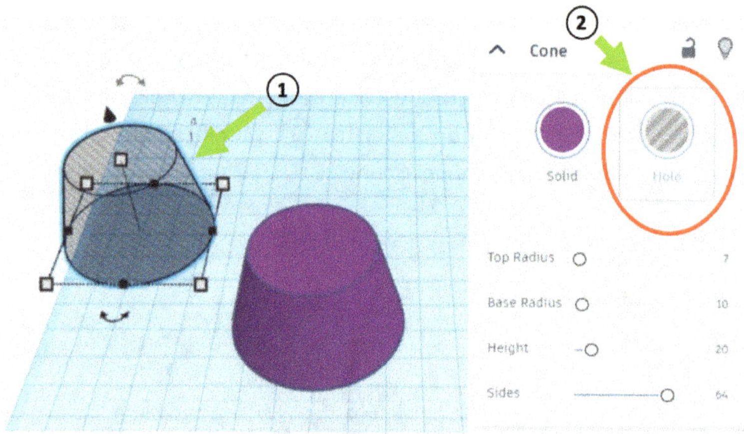

Puoi anche pensare a come disporre al meglio i due oggetti in modo da ottenere il paralume incavato. Se hai già un'idea, puoi provarla da solo. La soluzione segue nella pagina successiva.

-- Ecco la soluzione: --

Per la disposizione utilizziamo naturalmente il comando "Align". Per farlo, selezioniamo entrambi gli oggetti con il mouse. Per una selezione multipla dobbiamo tenere premuto il tasto Shift o allungare un rettangolo. Poi possiamo selezionare il comando ① e - dopo che i punti di allineamento saranno visualizzati - cliccare sui rispettivi punti centrali ② e ③.

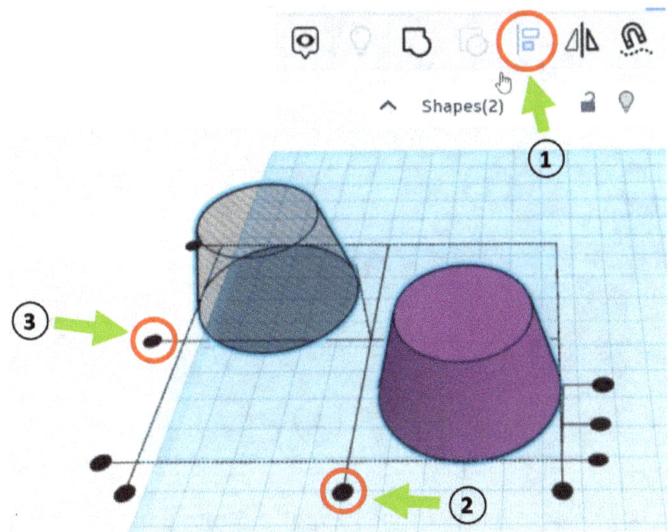

Per trasformare i due oggetti in un gruppo, utilizziamo il comando "Group". A questo scopo è necessario che entrambi gli oggetti siano selezionati.

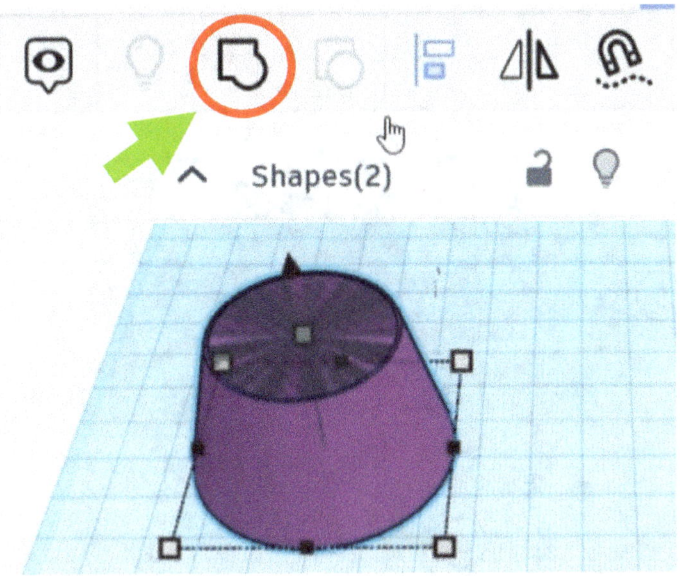

Fatto in modo eccellente! Se ora diamo un'occhiata alla lampada da tavolo (vedi inizio capitolo), vediamo che il nostro paralume ha ancora una cornice nella parte superiore e inferiore. Ora vogliamo creare questo elemento. Il modo più semplice per farlo è duplicare il paralume precedente con il comando "Duplicate and repeat" (① e ②) e poi ritagliare semplicemente la parte centrale utilizzando un riquadro (③ e ④).

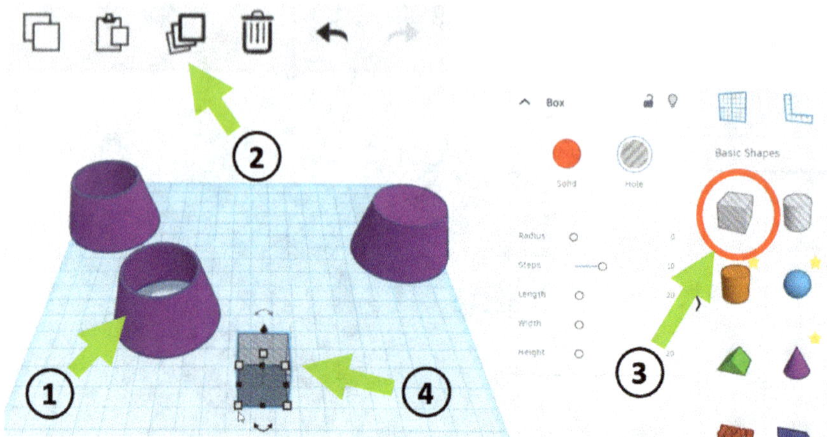

Il cuboide deve essere lungo 79 mm, largo 54,5 mm e alto 27 mm (① - ③). Vogliamo anche che il cuboide si trovi al centro del paralume, cosa che otterremo con l'aiuto del comando "Align" ④ e la selezione dei punti di allineamento ⑤-⑦. Infine, raggruppiamo i due oggetti ⑧ in modo da eseguire il taglio.

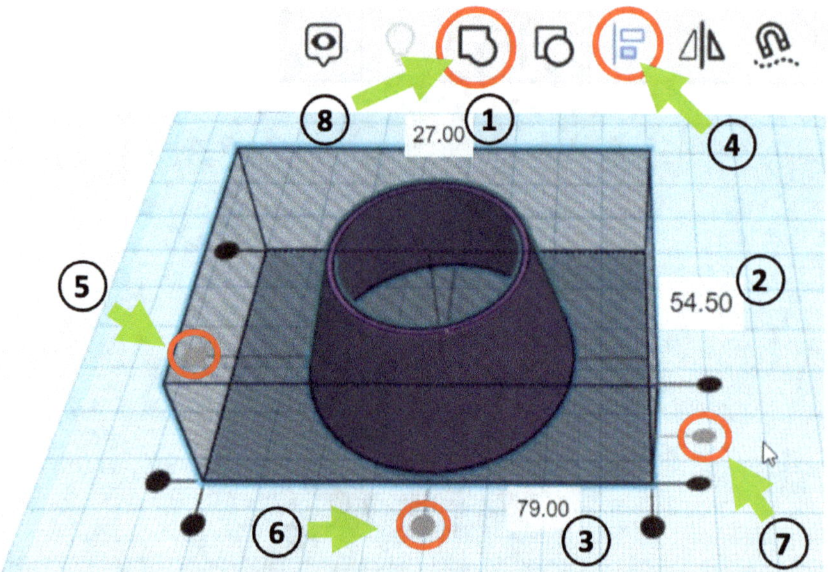

Otteniamo così questo costrutto:

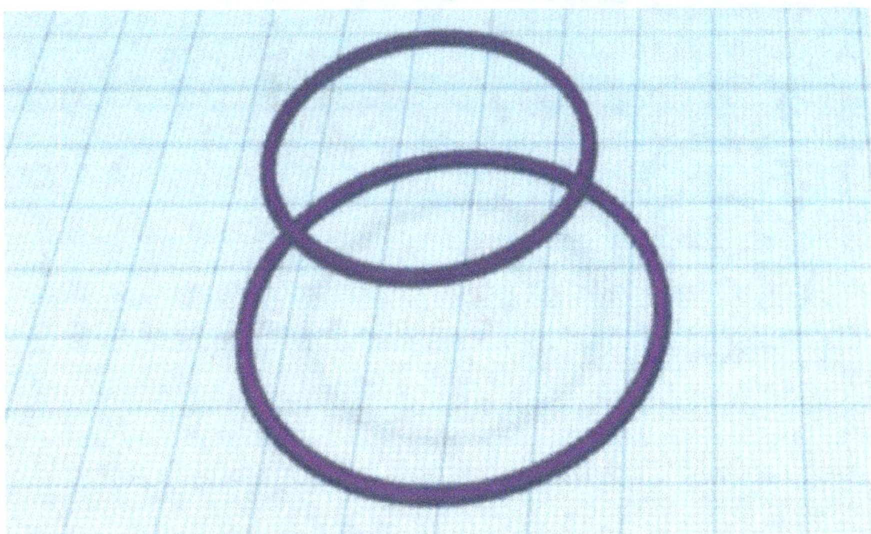

Prima di collegare il paralume alla lunetta superiore e inferiore, cambiamo il suo colore. Per farlo, clicca sul paralume ① e seleziona un colore nelle impostazioni dell'oggetto (② e ③).

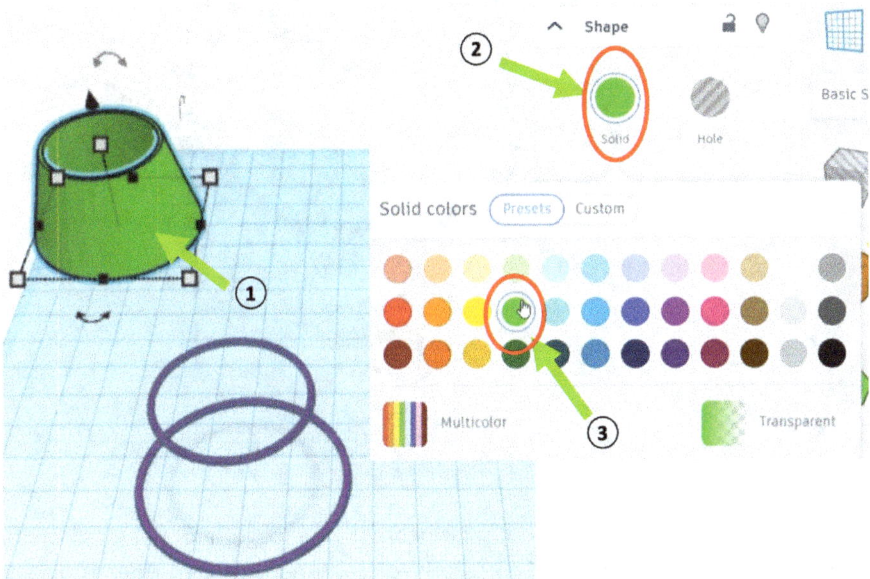

Inoltre, cambiamo anche il colore della lunetta - ad esempio in nero (① - ③) - e apportiamo un'altra modifica alle dimensioni, poiché la lunetta deve essere leggermente più grande del paralume.

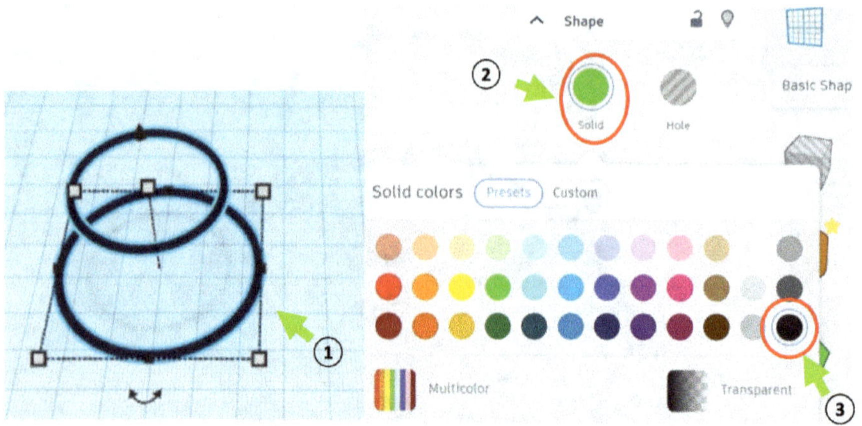

Quindi cambiamo la lunghezza e la larghezza in 51 mm ciascuna e l'altezza in 29 mm.

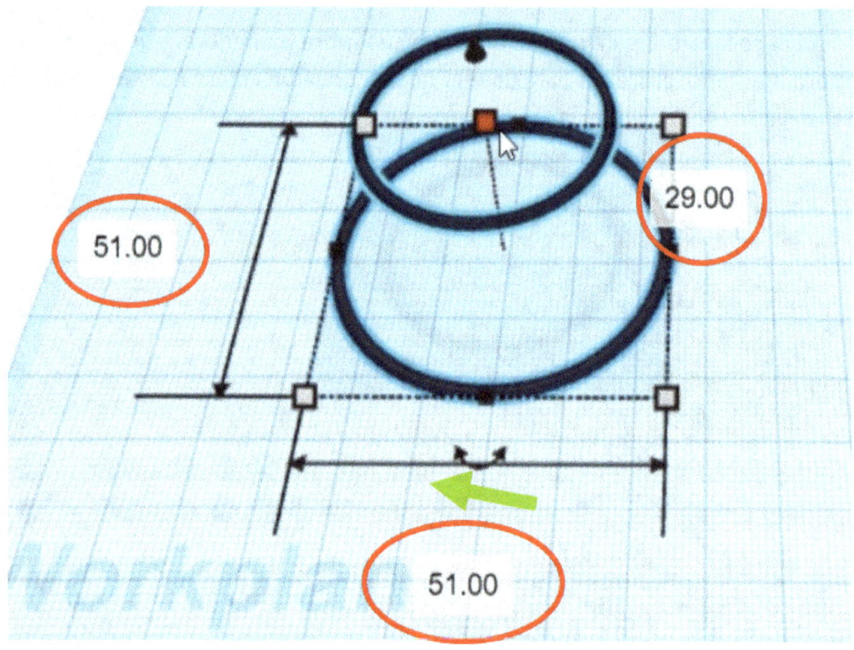

Ora possiamo contrassegnare o selezionare i due oggetti e poi posizionarli utilizzando il comando "Align" ①. Per farlo, clicca sui punti di allineamento indicati (② e ③).

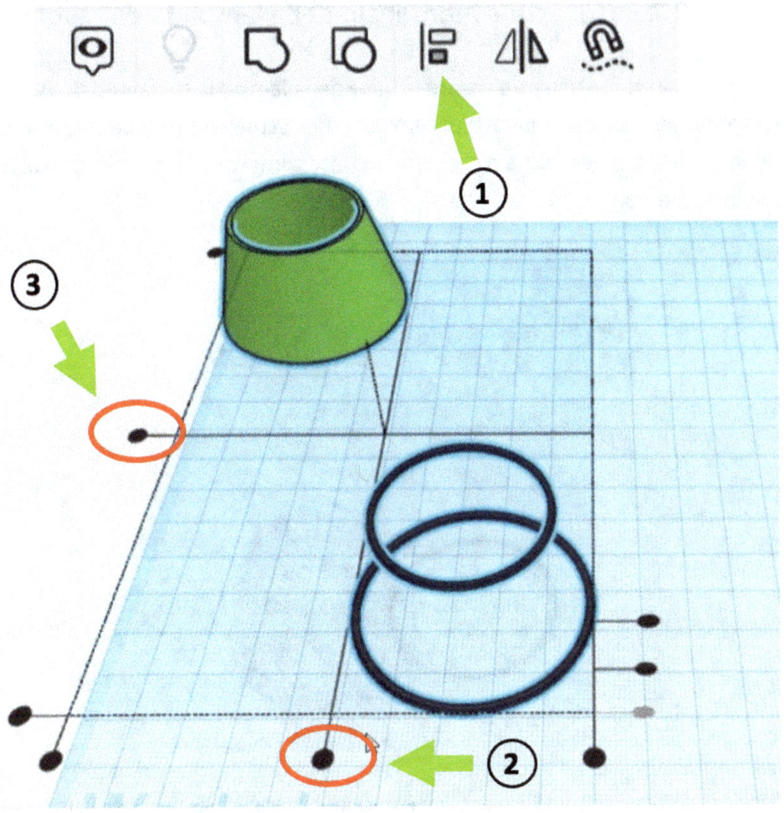

In questo modo otterremo il paralume finito. Nel prossimo capitolo ci occuperemo della base della lampada da tavolo.

2.2 Base, asta e montaggio della lampada da tavolo

In questo capitolo vogliamo creare la base della lampada da tavolo. A questo scopo avevamo già svolto un lavoro preliminare nel capitolo precedente, duplicando il corpo di base del paralume e spostandolo lateralmente. Il nostro punto di partenza è quindi questo.

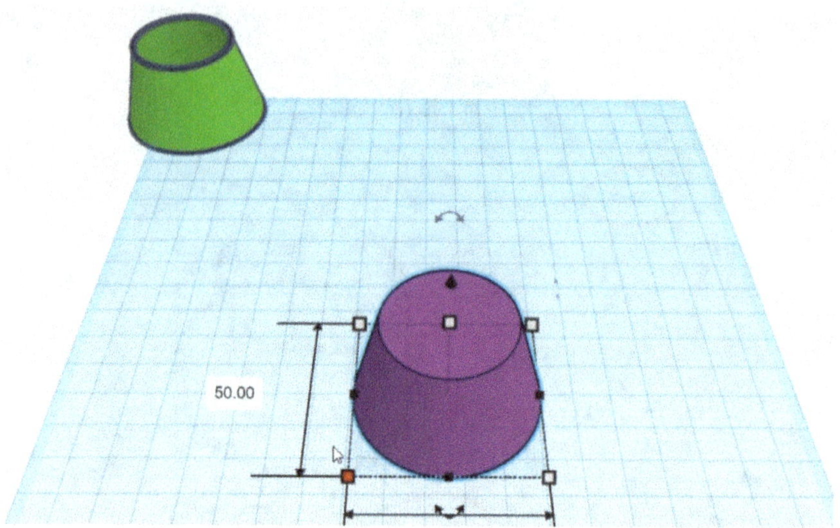

Nella prima fase, cambiamo le dimensioni del corpo in 38 mm per la lunghezza e la larghezza e in 4 mm per l'altezza ①. Coloriamo anche la base di bianco (② e ③).

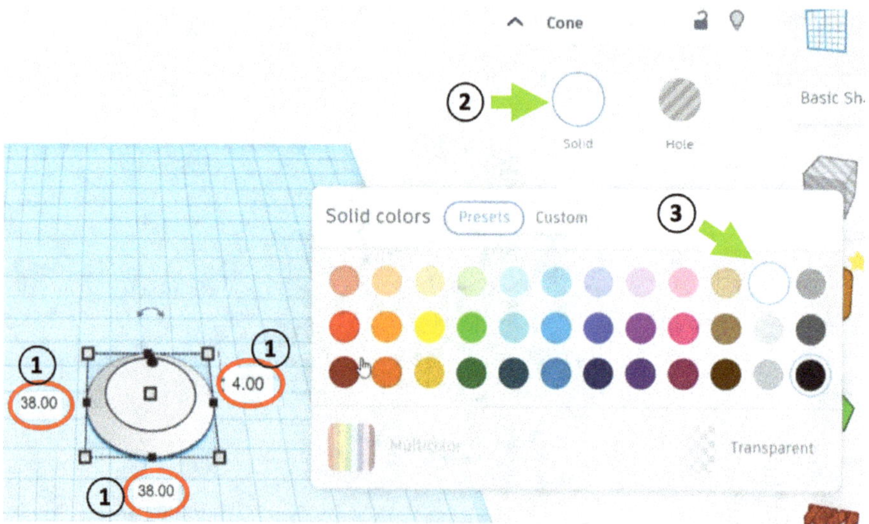

Come il paralume, anche la nostra base è composta da due componenti. Pertanto, duplichiamo il corpo creato finora con il comando "Duplicate and repeat" (① e ②) e lo coloriamo di grigio (③ e ④).

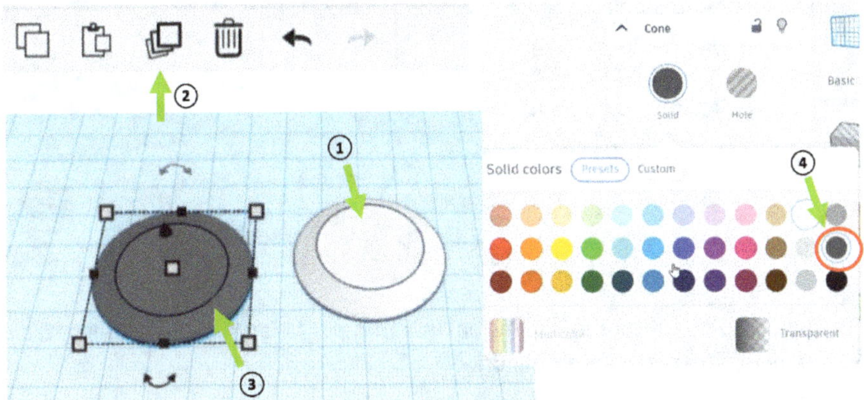

Poi possiamo unire i due corpi per formare la base del paralume. Lo facciamo come al solito con il comando "Align".

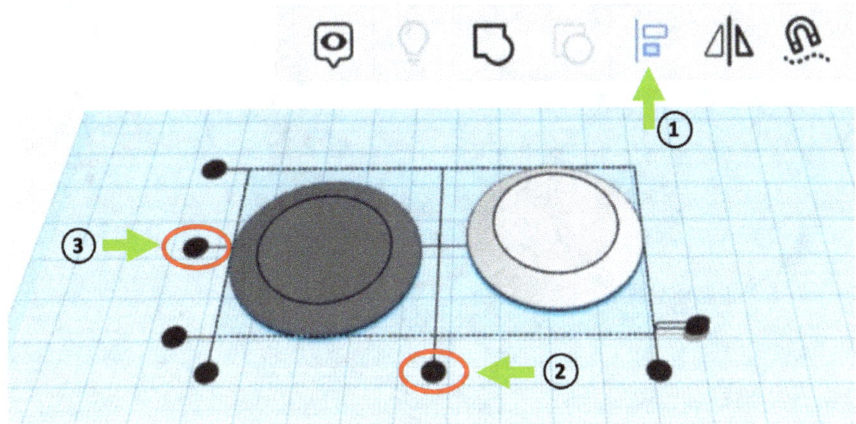

Successivamente creiamo l'asta a cui verrà appeso il paralume. Per farlo, inseriamo un corpo base cilindrico nel nostro piano di lavoro (① e ②). Aumentiamo i valori delle impostazioni "Sides", "Bevel" e "Bevel Segments" ③-⑤ al loro massimo (64, 2.5, 10).

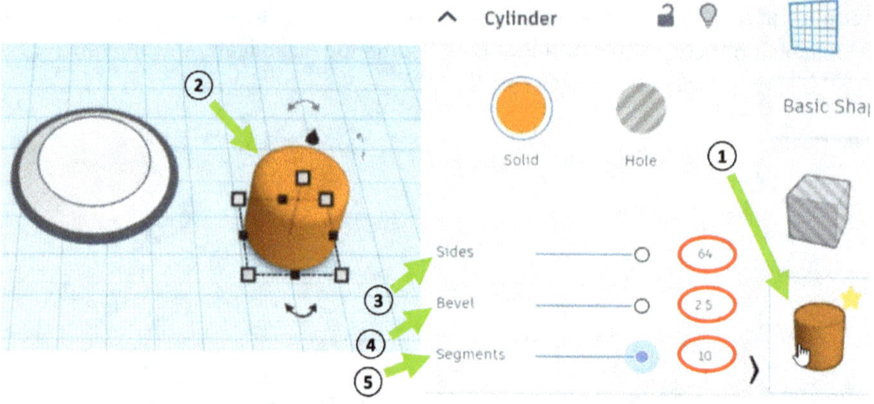

Ora possiamo modificare le dimensioni in 5 mm per la larghezza e la lunghezza e 50 mm per l'altezza del corpo cilindrico.

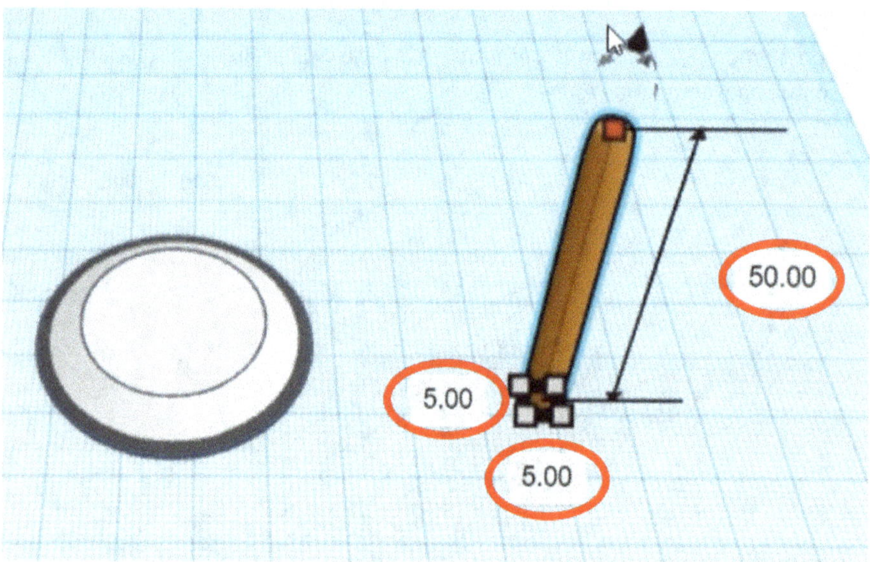

La seconda parte del collegamento consisterà in una croce, che sarà posizionata in cima all'asta appena creata. Per creare il primo puntone della croce, selezioniamo un cubo ① come forma di base. Modifichiamo la lunghezza in 45 mm, la larghezza in 2 mm e l'altezza in 1 mm ②-④.

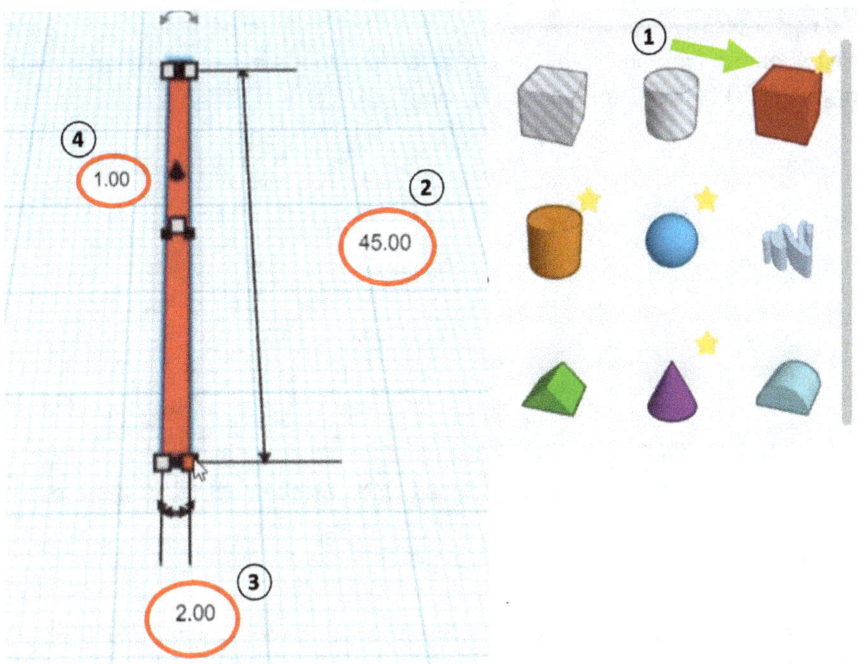

Creiamo il secondo puntone tramite la duplicazione (comando: "Duplicate and repeat") ①- ② e una successiva rotazione di 90° del duplicato ③.

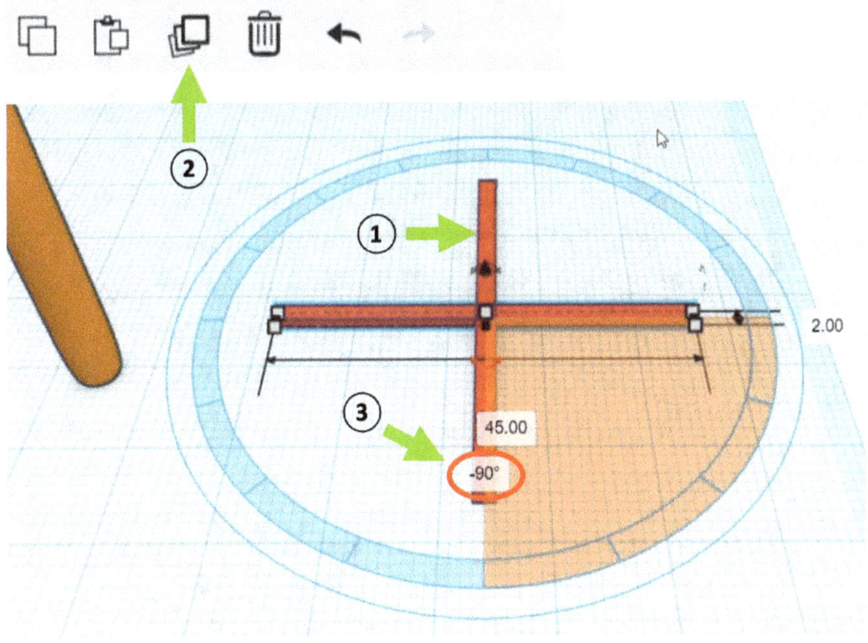

Il passo successivo consiste nel cambiare i colori dei puntoni e nel raggruppare i singoli puntoni in una croce. Per entrambe le azioni è necessario selezionare gli oggetti ①. Poi possiamo eseguire le azioni ②-④.

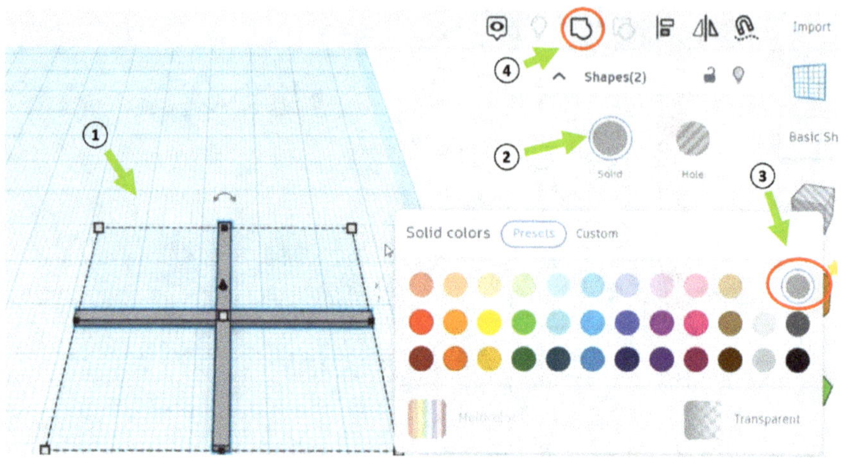

Poi possiamo assemblare la croce e la barra verticale. Lo facciamo con il comando "Align" ②-⑤ dopo aver selezionato gli oggetti ①.

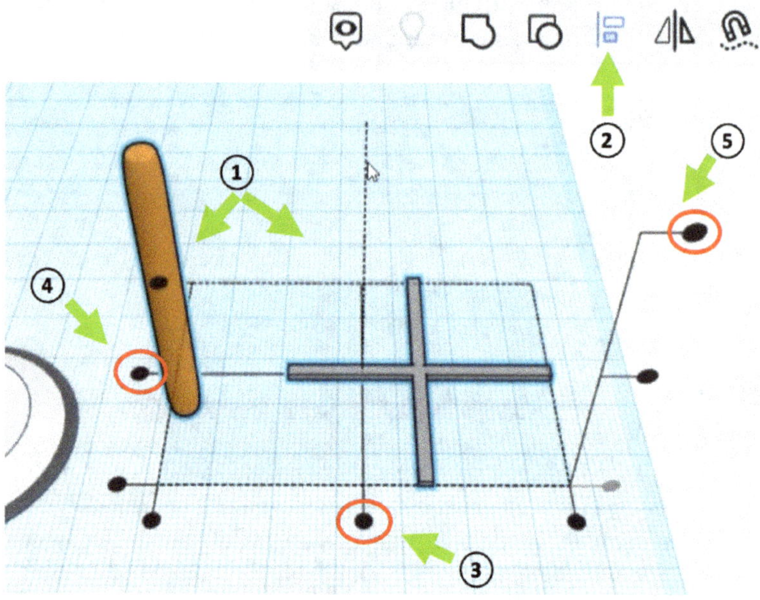

Naturalmente, il nostro paralume deve avere anche una lampadina. Per non doverla costruire separatamente, cerchiamo il termine "bulb" ① nella libreria delle forme e trasciniamo la lampadina ② sul nostro piano di lavoro.

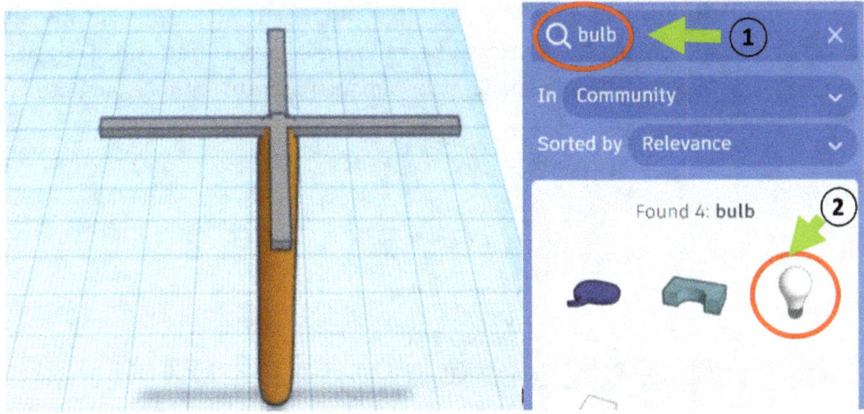

La lampadina è enorme rispetto agli altri oggetti. Per modificarla, scegliamo 7 mm per la larghezza e la lunghezza della lampadina e 10 mm per l'altezza. La modifica delle dimensioni funziona allo stesso modo per questo oggetto e per tutti gli altri. Affinché la lampadina sia centrata sulla croce dell'asta, selezioniamo tutti gli oggetti e utilizziamo il comando "Align". Dopo aver attivato il comando ①, facciamo prima clic sulla croce ② in modo da poter selezionare i punti di allineamento corretti ③-⑤.

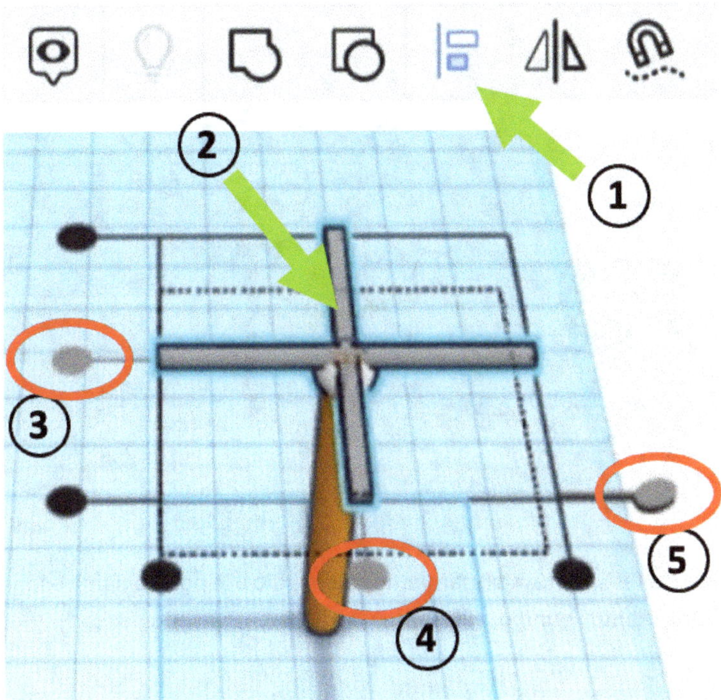

Prima di iniziare l'assemblaggio finale di tutti i componenti, dobbiamo spostare la lampadina un po' più in alto. Per farlo, basta tirare la piccola freccia dell'oggetto fino a quando l'attacco della lampadina non rimane nascosto nel collegamento.

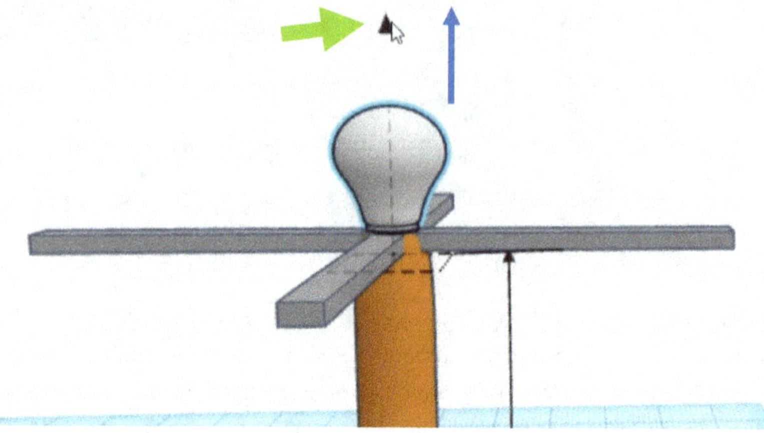

Ora, come ho detto, possiamo iniziare l'assemblaggio e siamo quasi arrivati alla fine del primo progetto. Nella prima fase segniamo la base e il collegamento, compresa la lampadina, e utilizziamo il comando "Align" e i punti di allineamento indicati per ottenere il posizionamento corretto.

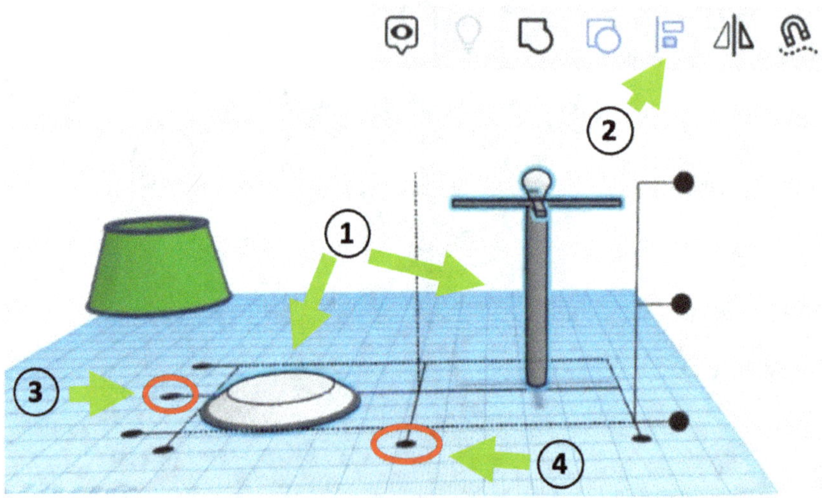

Nella seconda fase, togliamo il paralume dall'angolo e lo posizioniamo come gli altri oggetti. Utilizziamo i punti di allineamento indicati (comando: "Align").

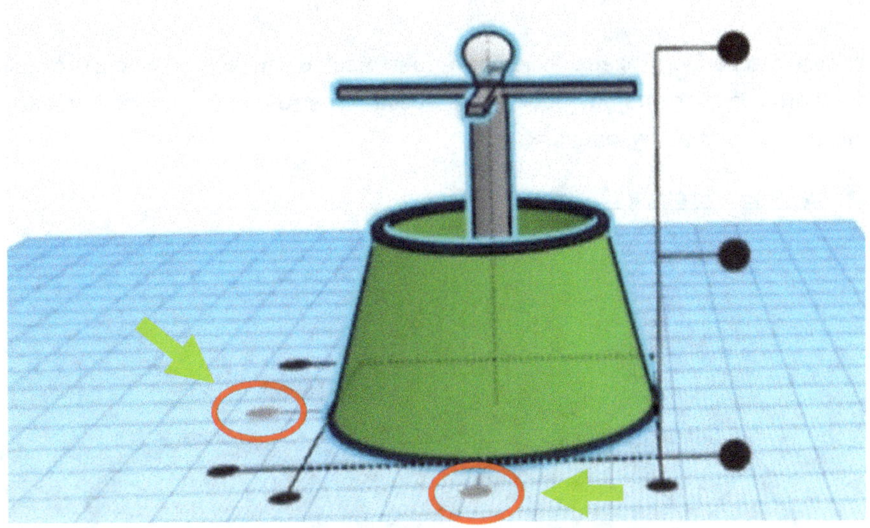

Nell'ultimo passaggio tiriamo il paralume verso l'alto fino alla sua posizione finale grazie alla piccola freccia dell'oggetto. Tiriamo fino a quando l'asta non sarà più visibile. A quel punto la posizione è perfetta!

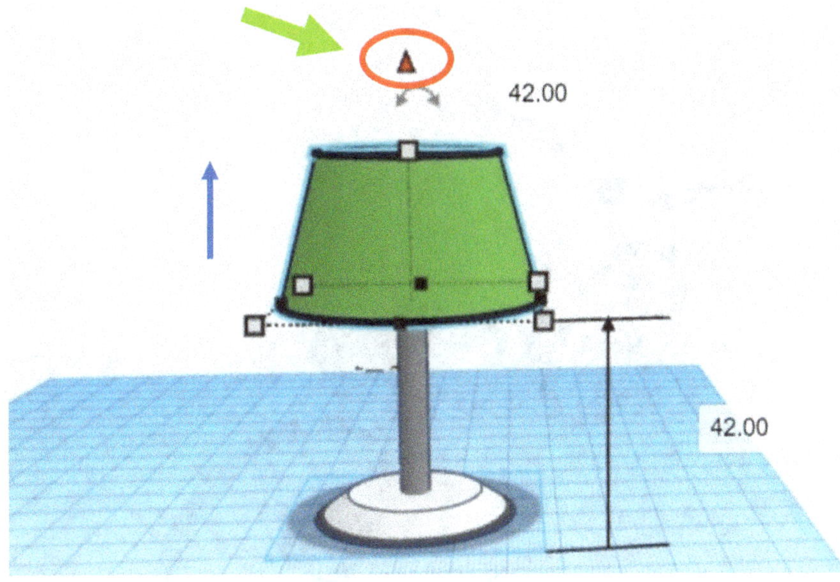

Un lavoro super! Ora abbiamo completato il primo progetto. È bello che tu abbia continuato fino alla fine. Ora passiamo al prossimo progetto, che è un po' più complicato. Ma non preoccuparti, insieme possiamo farcela!

Capitolo 3 | Modello 3D Progetto 2: Bicicletta

Il nostro secondo progetto insieme in questo corso sarà un modello 3D di una bicicletta. La bicicletta dovrebbe avere questo aspetto e puoi copiare il progetto nel tuo account al seguente link:

https://tinyurl.com/mr28za59

3.1 La ruota anteriore della bicicletta

Dopo aver creato un nuovo progetto per la bicicletta, in questo capitolo inizieremo con la costruzione della ruota anteriore. Avremo bisogno di tre fasi per la creazione.

Nella prima fase creiamo il cerchio con lo pneumatico, nella seconda il mozzo e nella terza i singoli raggi. Nel nostro modello semplificato, la parte esterna del cerchio e il pneumatico sono costituiti da un solo corpo. Selezioniamo il corpo cilindrico "Tube" ② dalla collezione di forme "Basic Shapes" ①.

Posizioniamo questo corpo sul piano di lavoro utilizzando il drag-and-drop e lo ingrandiamo in entrambe le direzioni a 36,24 mm. Per farlo, clicca sul corpo, seleziona un punto d'angolo e inserisci le dimensioni.

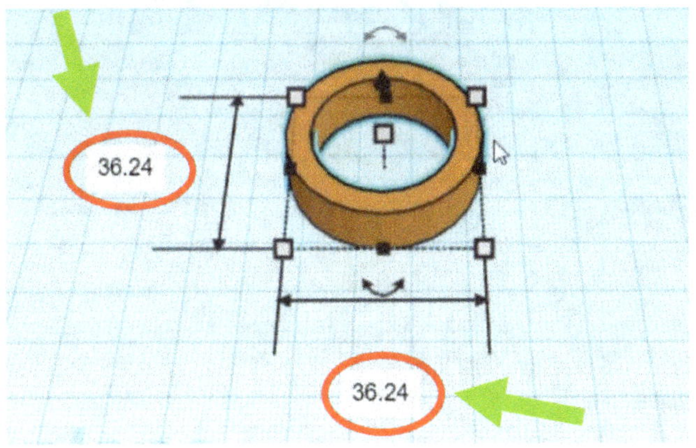

Cambiamo anche l'altezza del corpo cilindrico da 10 mm a 1,81 mm.

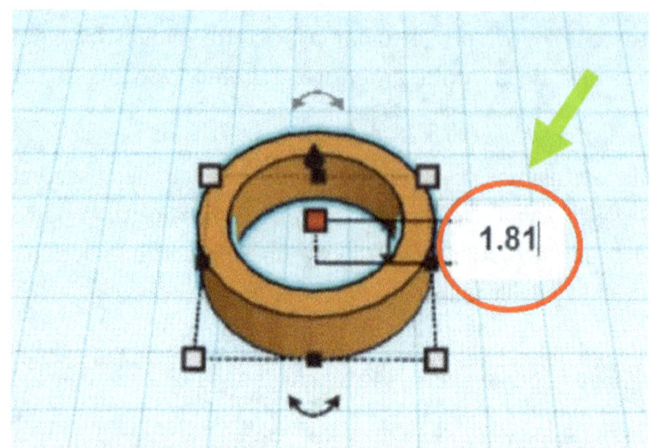

Nelle impostazioni dell'oggetto 3D riduciamo lo spessore della parete a 1 mm ①
e aumentiamo i valori delle impostazioni "Sides", "Bevel" e "Bevel Segments" ②
ai rispettivi massimi (64, 5, 10). Cambiamo anche il colore in nero ③.

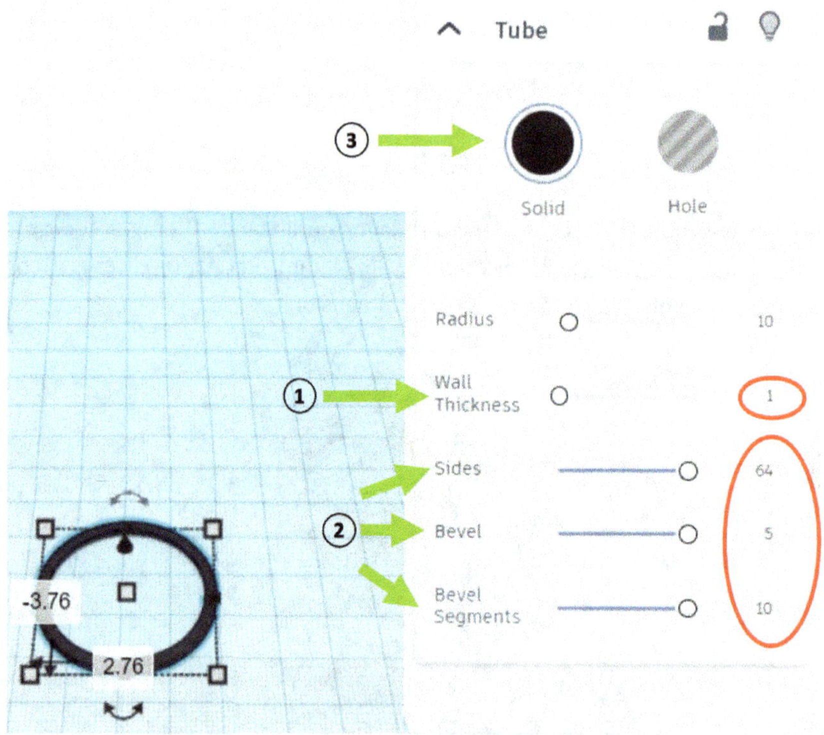

Ora passiamo alla costruzione del mozzo della ruota. Per farlo, posizioniamo un corpo cilindrico ① su un'area qualsiasi del piano di lavoro e modifichiamo le sue dimensioni cliccando sui suoi punti d'angolo. Per i lati abbiamo bisogno di 5,38 mm ② ciascuno, mentre per l'altezza abbiamo bisogno di 2 mm ③.

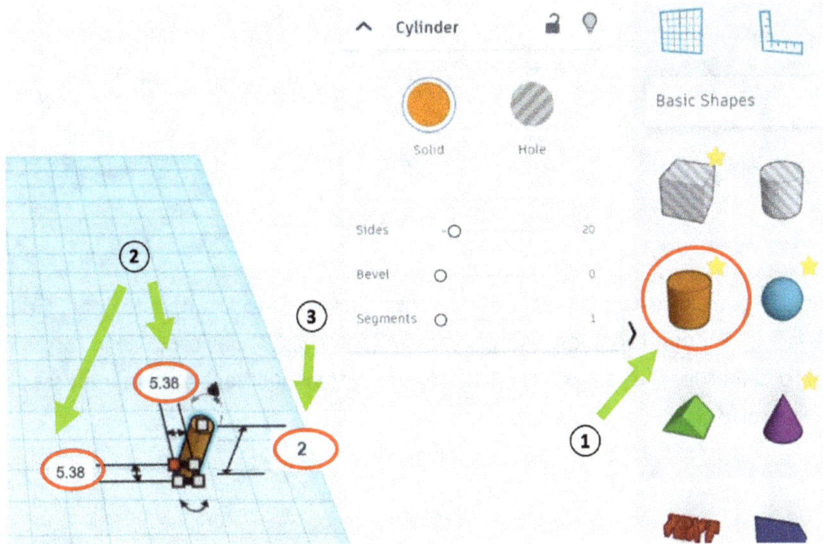

Successivamente, allineiamo i due corpi l'uno con l'altro, creando un rettangolo ① con il tasto sinistro del mouse premuto, selezionando il comando "Align" ②, oppure premendo il pulsante "L".

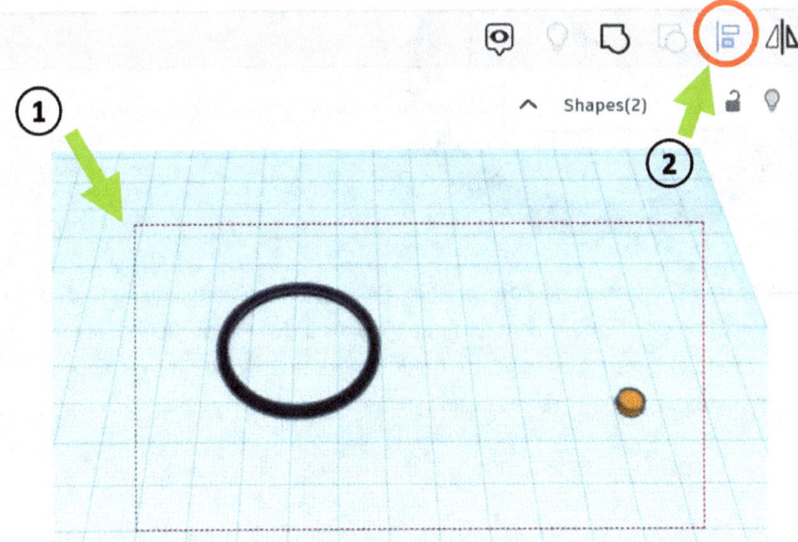

I due corpi devono essere logicamente posizionati in modo concentrico l'uno rispetto all'altro, cioè il mozzo della ruota deve trovarsi esattamente al centro del cerchio. Per ottenere questo risultato, selezioniamo i due punti indicati ①-② uno dopo l'altro.

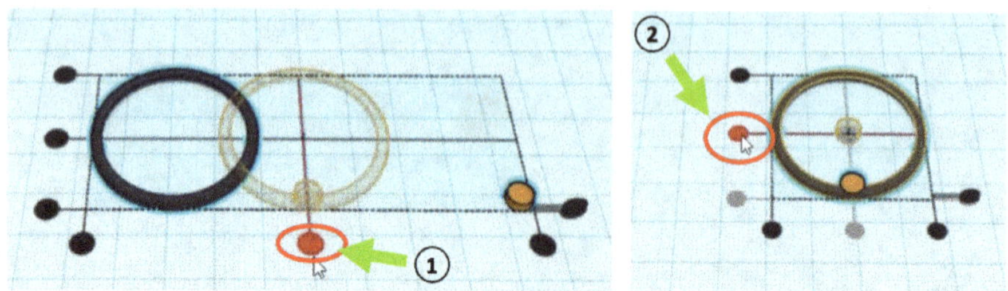

Prima di continuare con i raggi del cerchio, impostiamo le impostazioni "Sides", "Bevel" e "Segments" ai loro valori massimi (64, 2.5, 10) per rendere la forma del mozzo della ruota un po' più liscia e rotonda. Per visualizzare queste impostazioni è necessario che il corpo sia selezionato.

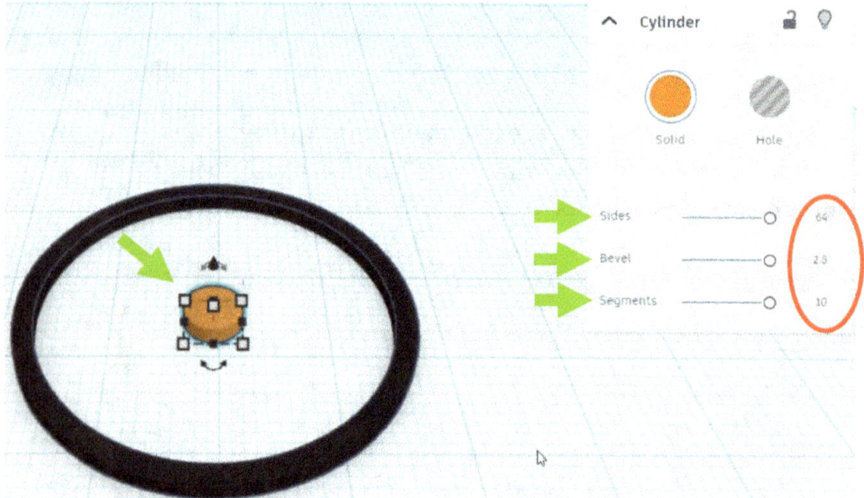

Ora creIamo Il primo raggio del cerchio. Per questo abbiamo bisogno di un corpo cilindrico, che posizioniamo su una qualsiasi area della superficie di lavoro. Subito dopo modifichiamo la lunghezza e la larghezza in 0,20 mm ciascuna. Per il momento lasciamo l'altezza a 20 mm.

Poi giriamo il corpo di 90° in modo che fluttui orizzontalmente.

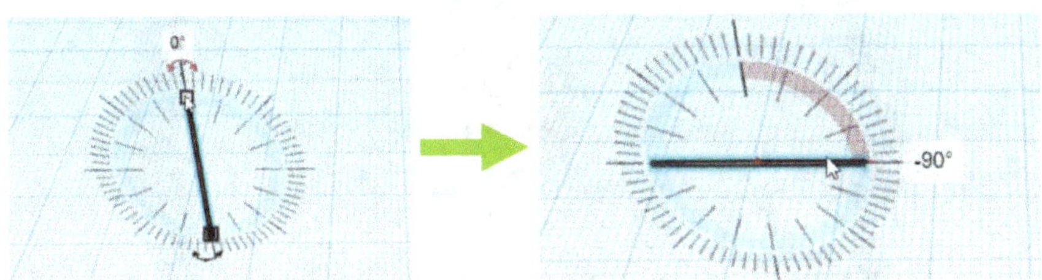

Poi spostiamo il corpo in modo che si trovi all'incirca al centro degli altri due corpi. Per un ulteriore posizionamento, selezioniamo tutti e tre i corpi e utilizziamo nuovamente il comando "Align". Dopo aver selezionato il comando, facciamo clic sui rispettivi punti di allineamento nell'ordine indicato.

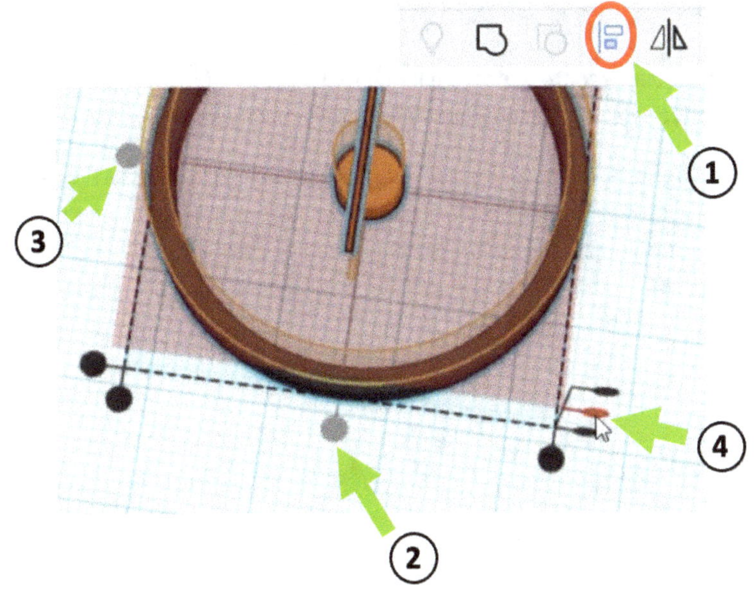

Poi spostiamo il raggio della bicicletta nella direzione della freccia verde utilizzando i tasti freccia della tastiera. Cambiamo anche la lunghezza di questo primo raggio di bicicletta in 17 mm.

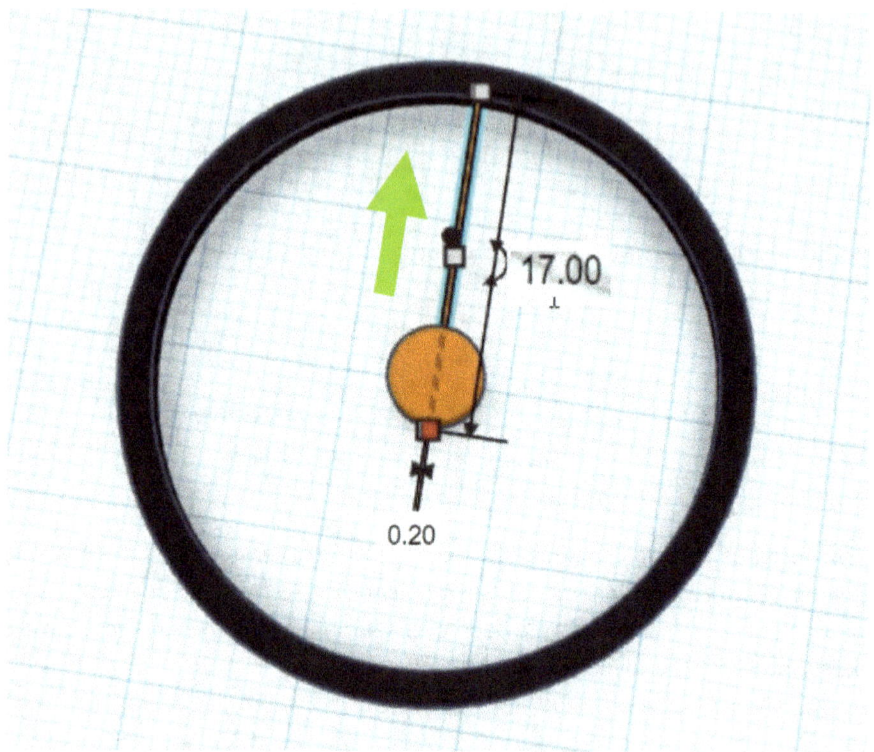

Dopo aver contrassegnato il mozzo e il raggio del cerchio ①, premi il pulsante "L" o in alternativa seleziona il comando "Align" dalla barra dei menu.

Questo per definire la posizione del raggio della bicicletta all'esterno del mozzo della ruota in questo passaggio. Per farlo, clicchiamo prima sul mozzo della ruota ② e poi selezioniamo il punto indicato ③ per il posizionamento.

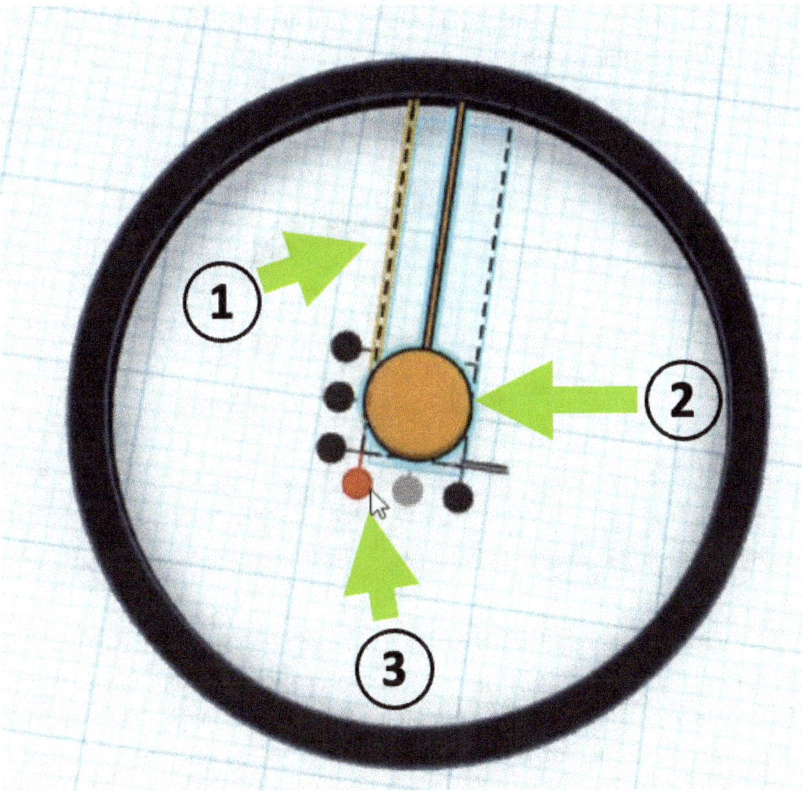

Prima di poter creare un modello per tutti i restanti raggi della bicicletta, abbiamo bisogno di un altro raggio identico, che creeremo dopo aver selezionato il corpo cliccando sul comando "Duplicate and repeat" dalla barra dei menu in alto a sinistra.

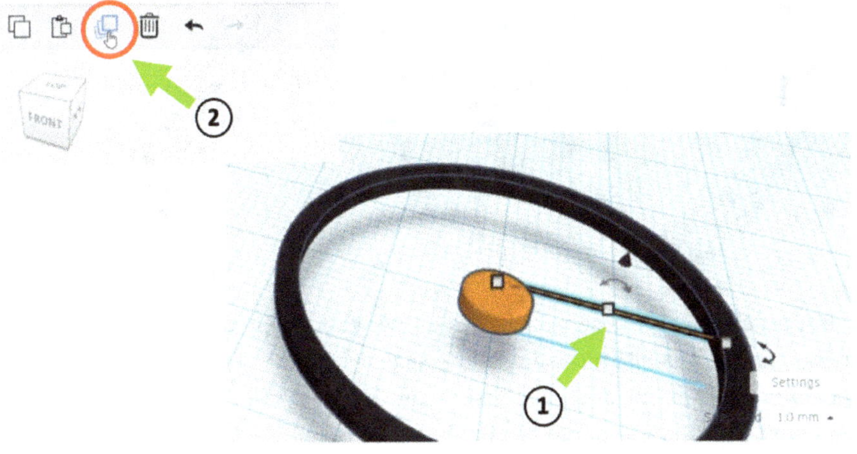

Utilizzando i tasti freccia, spostiamo il duplicato nella direzione delle frecce rosse fino alla posizione indicata (freccia verde).

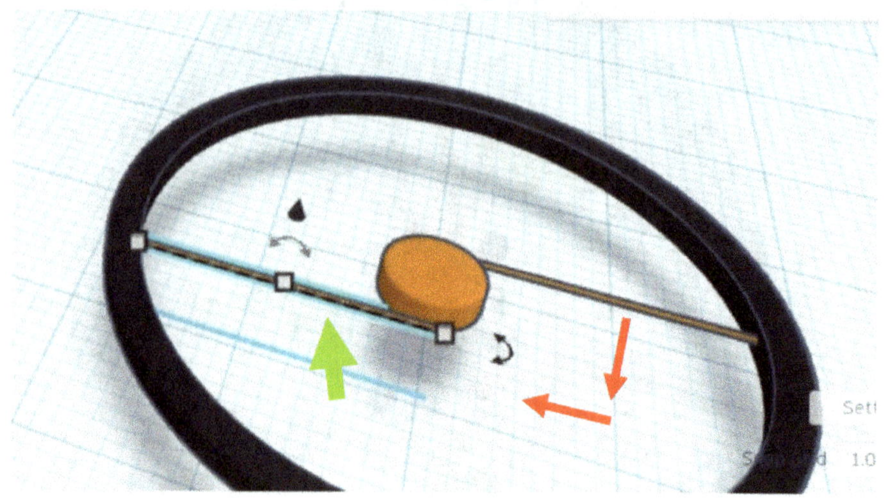

Per la posizione esatta, segniamo il mozzo della ruota e il raggio della bicicletta (① e ②) e premiamo il pulsante "L" per richiamare il comando "Align". In questo caso utilizziamo la stessa procedura utilizzata per il primo raggio della bicicletta. Pertanto, facciamo clic sul mozzo della ruota ② e selezioniamo il punto di posizionamento visualizzato ③.

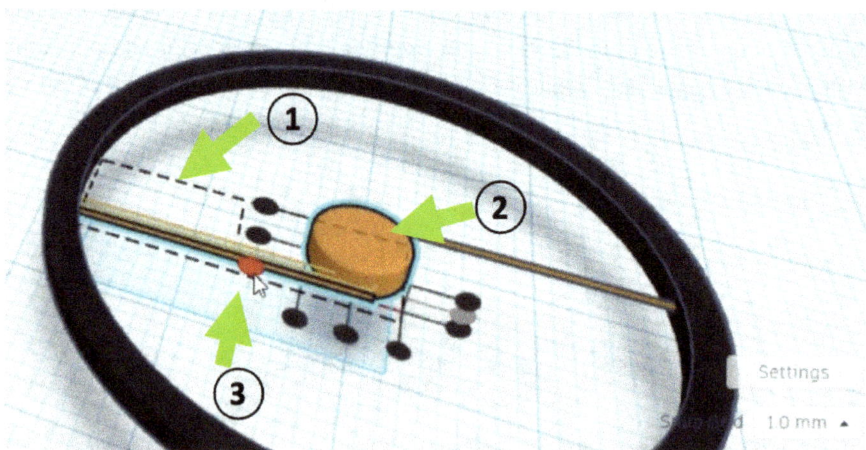

Poi spostiamo il raggio della bicicletta un po' verso il pneumatico o il cerchio in modo da ottenere all'incirca il risultato seguente. Controlla anche il raggio della bicicletta opposta, che dovrebbe essere posizionato in modo simile.

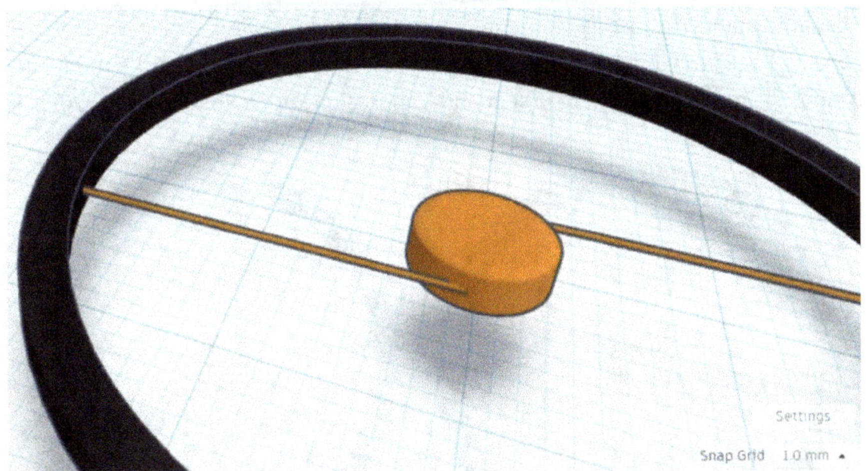

Ora possiamo creare tutti gli altri raggi della bicicletta in modo semplice e veloce. Fermati un attimo e pensa a come potremmo farlo.

-- Ecco la soluzione: --

Selezioniamo entrambi i raggi della bicicletta semplicemente cliccando su di essi ① (tenendo premuto il tasto Shift) e poi selezioniamo nuovamente il comando "Duplicate and repeat" ②. Per attivare questo comando, in alternativa possiamo semplicemente utilizzare la combinazione di tasti "STRG+D". A proposito, non si vede molto dopo aver eseguito il comando, perché i corpi duplicati sono posizionati in modo congruo su quelli già esistenti.

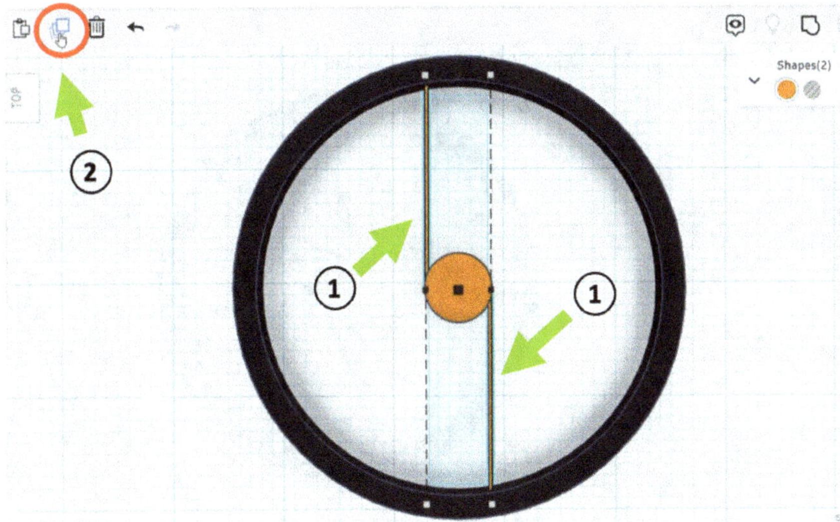

Possiamo quindi ruotare gli elementi duplicati cliccando sulla piccola doppia freccia rossa ① nell'area inferiore (i corpi devono essere ancora selezionati) e muovendo il mouse in modo da ottenere la seguente rappresentazione. Ruotiamo di 22,5° ②.

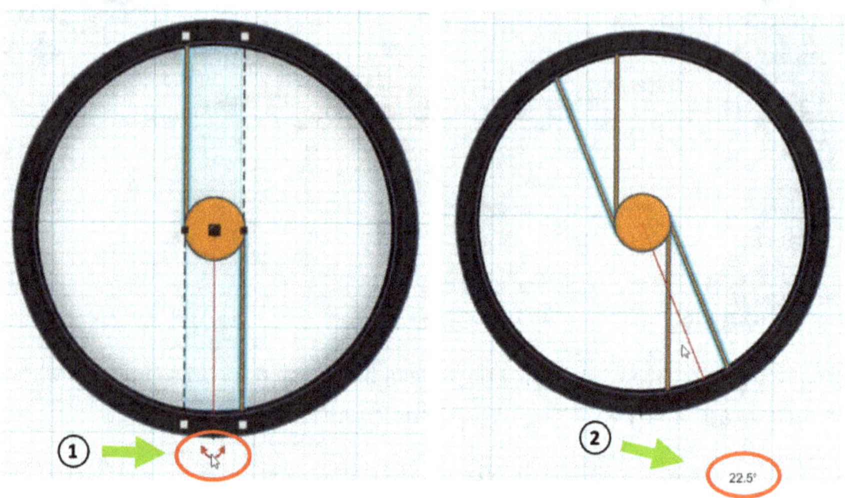

Se poi clicchiamo immediatamente - senza cliccare prima su nient'altro - per un totale di sei volte di seguito sul comando "Duplicate and repeat", i raggi della bicicletta rimanenti vengono automaticamente allineati correttamente. Quasi magico!

Poi vogliamo aggiungere un supporto per la forcella anteriore al mozzo della ruota. Lo facciamo cliccando sul mozzo ① e selezionando il comando "Duplicate and repeat" ②. Facciamo quindi clic su un punto d'angolo del corpo duplicato e inseriamo 3,62 mm come dimensione ③.

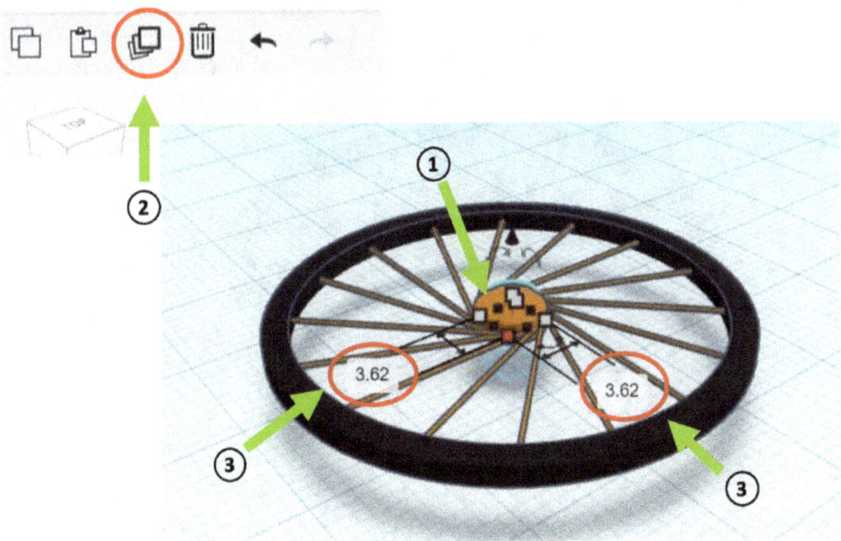

Modifichiamo anche l'altezza del corpo duplicato a 7,25 mm.

Affinché il corpo creato si trovi al centro del piano della ruota anteriore, selezioniamo tutti i corpi creati finora e utilizziamo il comando "Align" ①. Facciamo clic sul punto di allineamento indicato ②.

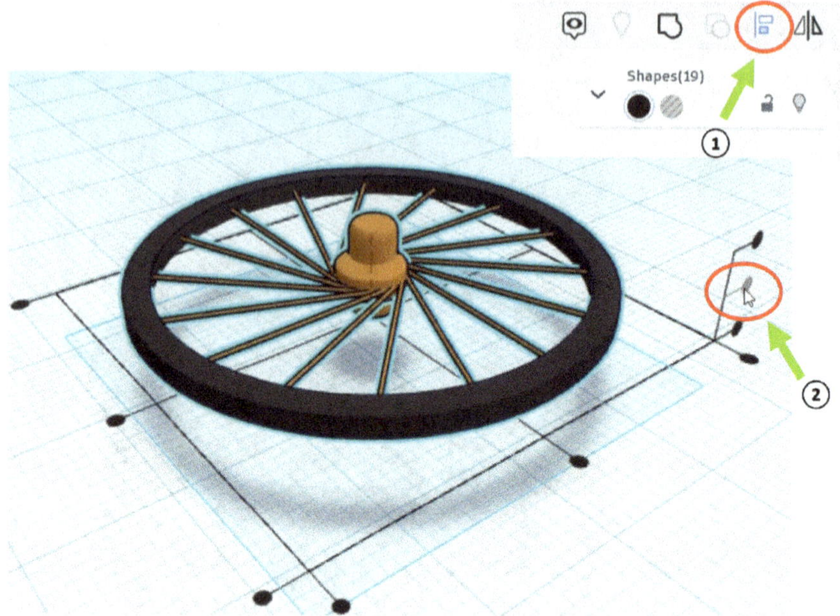

Poi dobbiamo anche allineare l'oggetto duplicato al centro del mozzo della ruota. Lo facciamo selezionando i due corpi arancioni, premendo il pulsante "L" (o ①) e poi cliccando sui punti di allineamento indicati (② e ③) uno dopo l'altro. Per una migliore rappresentazione, tutti gli altri corpi sono nascosti qui (cliccando sul simbolo della lampadina).

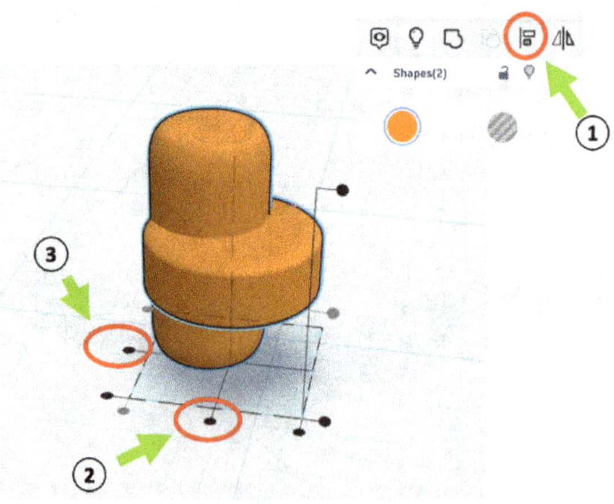

Per concludere il capitolo, effettuiamo alcune regolazioni del colore e poi raggruppiamo tutti gli oggetti. Per farlo, ho prima sfumato di nuovo tutti i corpi ① (<u>nessun </u>oggetto deve essere selezionato) e poi ho sfumato di nuovo solo il pneumatico (② e ③) per poter marcare più facilmente tutti i raggi della ruota insieme al mozzo.

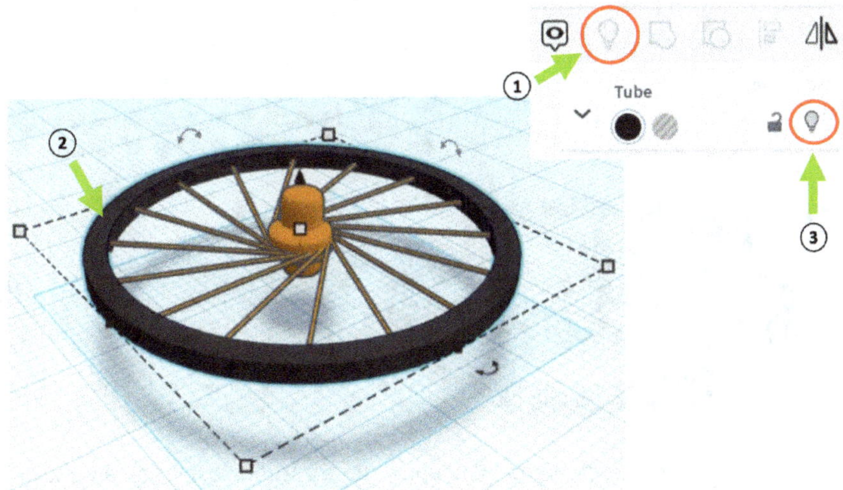

In questo modo rimangono visibili solo i raggi e il mozzo della ruota. Selezioniamo tutti gli oggetti e scegliamo un colore grigio nelle impostazioni.

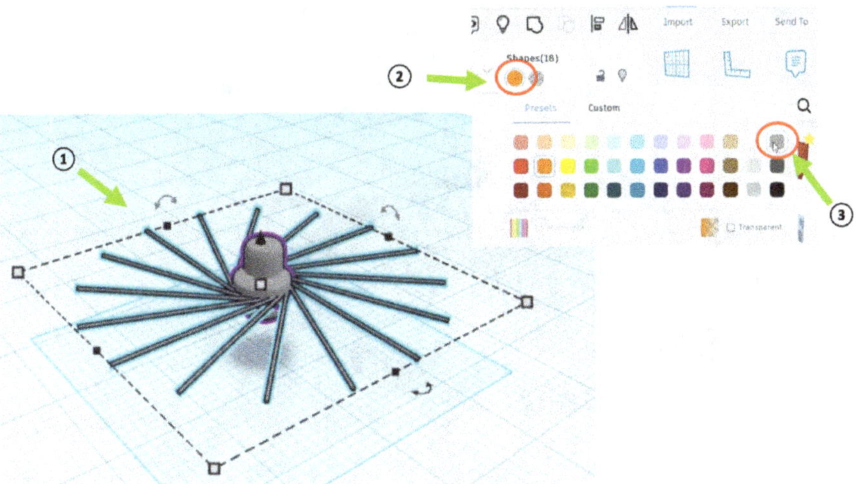

Puoi anche scegliere qualcosa di più colorato o, ad esempio, colorare di nero il mozzo della ruota, come ho fatto io nel passaggio successivo (① e ②). Poi clicca brevemente sul piano di lavoro per terminare la selezione degli oggetti. Successivamente ho mostrato nuovamente il cerchio cliccando sul comando "Show all" ③. In alternativa, puoi premere la combinazione di tasti "STRG+SHIFT+H".

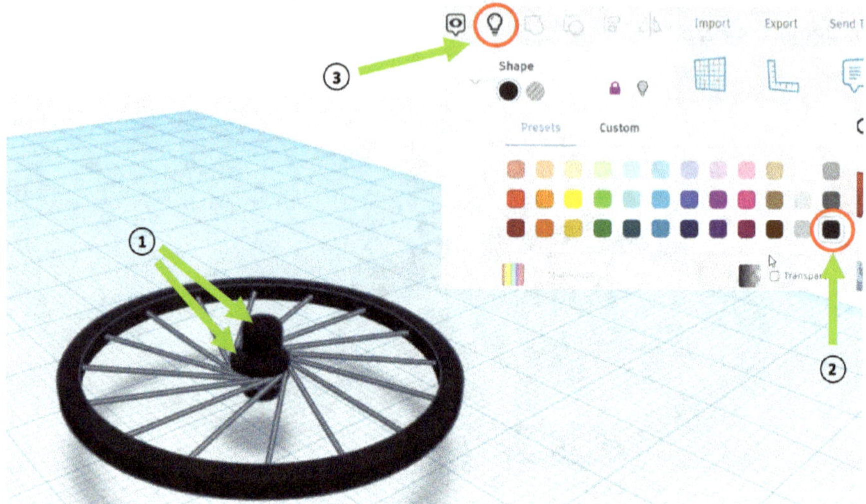

Per unire tutti i corpi creati finora in un'unica ruota anteriore, selezioniamo tutti gli oggetti ① e scegliamo il comando "Group" ②. In alternativa, puoi utilizzare la combinazione di tasti "STRG+G".

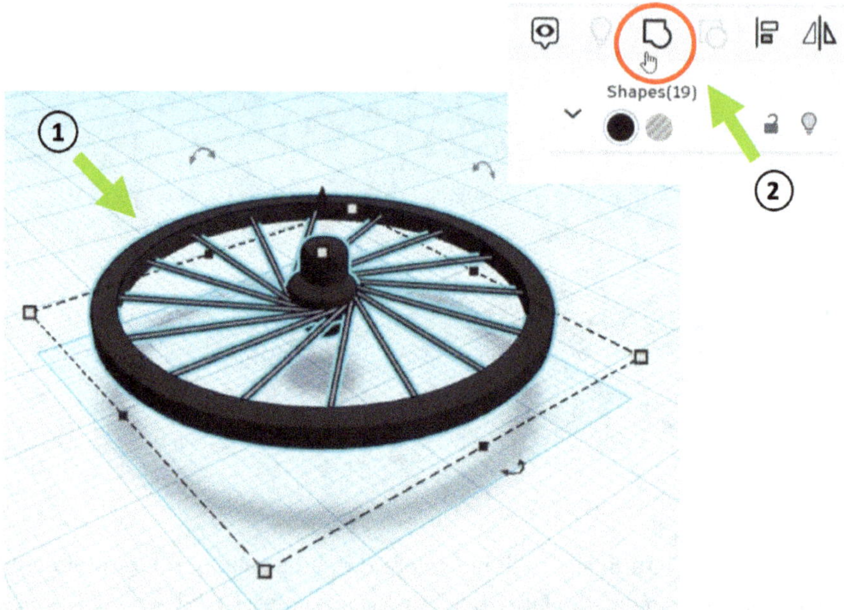

Ora puoi notare che tutti gli oggetti sono visualizzati con un solo colore. Affinché i colori vengano nuovamente visualizzati separatamente come desiderato, dobbiamo attivare l'opzione "Multicolor" nelle impostazioni dei colori. A tal fine è necessario selezionare l'oggetto raggruppato.

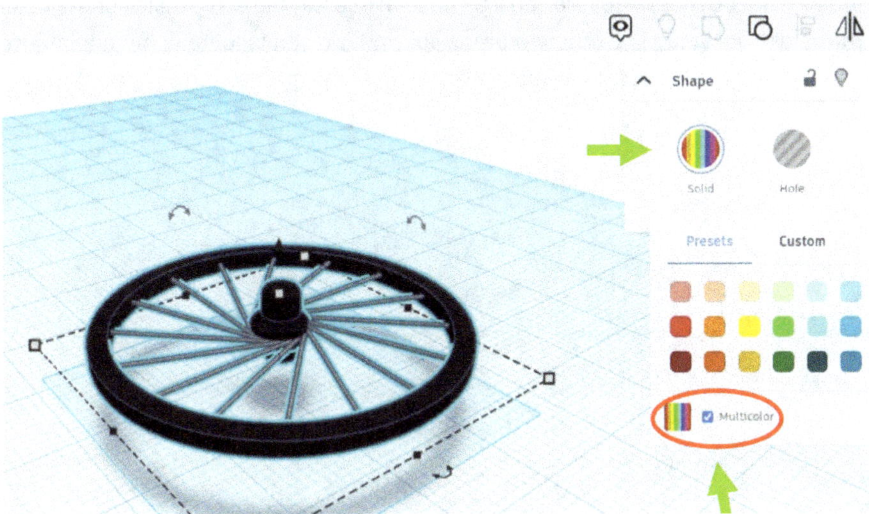

3.2 La forcella anteriore della bicicletta

In questo capitolo ci occupiamo della forcella anteriore della bicicletta. Per la creazione della forcella della ruota utilizziamo un tubo curvo come geometria iniziale, che possiamo trovare con il termine di ricerca "pipe" ① nella libreria delle forme di "Tinkercad". Clicchiamo prima sul simbolo con la lente di ingrandimento per raggiungere la voce di ricerca.

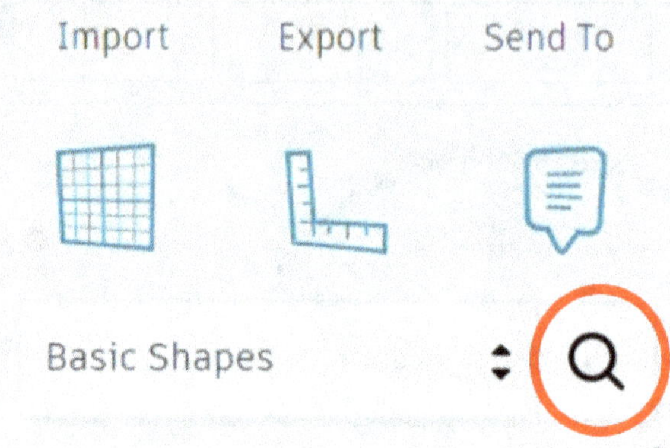

Dai risultati della ricerca, seleziona l'oggetto che assomiglia un po' a uno spaghetto di maccheroni viola ② e posizionalo sul tuo livello di lavoro usando il drag-and-drop.

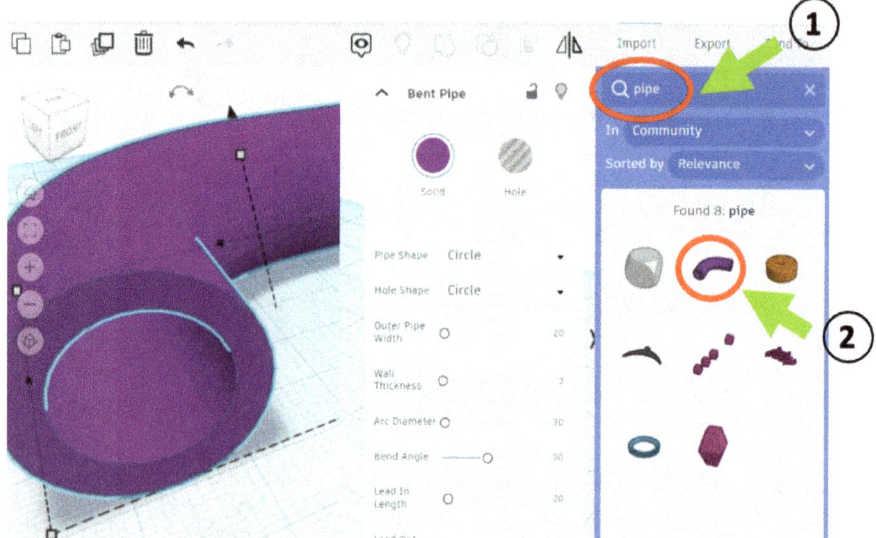

Per far sì che il tubo curvo assuma la forma della nostra forcella anteriore, modifichiamo i valori preimpostati come segue (cerchiati in rosso; dall'alto in basso: 2, 99, 10, 180, 50, 50).

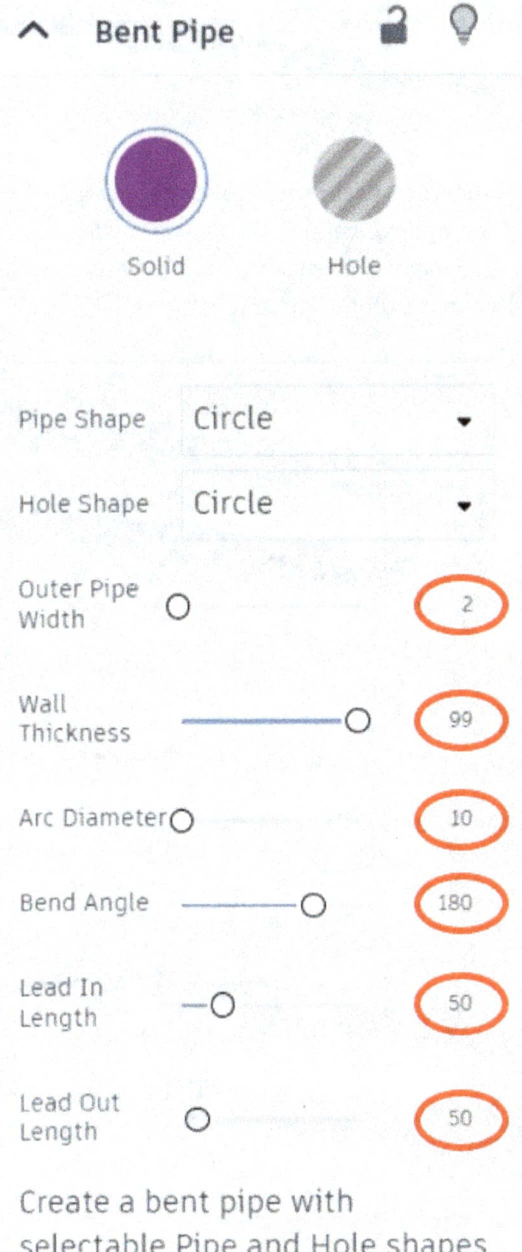

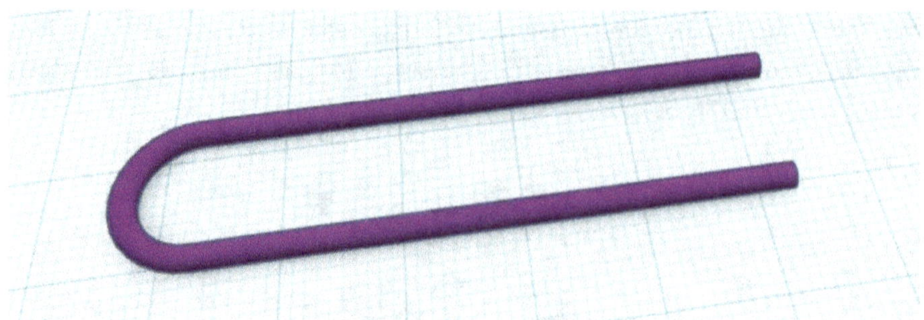

Ora la forcella anteriore è ancora troppo lunga e troppo larga per la nostra bicicletta. Per questo motivo, nel prossimo passo modificheremo la dimensione della larghezza in 7,25 mm e la dimensione della lunghezza in 27,18 mm. Per farlo, ho cliccato prima su uno dei punti d'angolo.

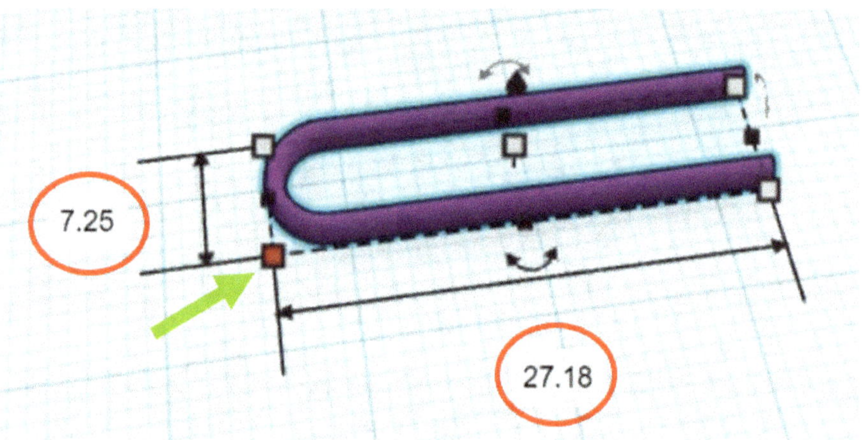

Modifichiamo anche l'altezza della geometria a 1,81 mm.

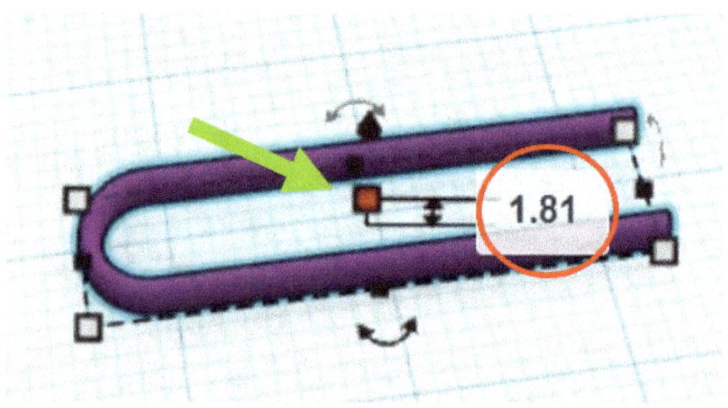

È stato abbastanza veloce, ora possiamo già occuparci dell'assemblaggio con la ruota. Lo faremo nel prossimo capitolo.

3.3 Rifinisci la ruota anteriore e la ruota posteriore della bicicletta

All'inizio del progetto abbiamo chiamato l'oggetto creato ruota anteriore. Naturalmente, possiamo utilizzare questa ruota anteriore anche come ruota posteriore: basta crearne una copia. Per non rendere la costruzione più complessa del necessario, questo vale anche per la forcella posteriore, che creeremo a partire da due forcelle anteriori. Nei prossimi passi creeremo prima la ruota posteriore con la forcella posteriore. Procediamo come segue.

Nel primo passo colleghiamo la forcella della ruota con il mozzo della ruota. Per farlo, ruotiamo la ruota anteriore di 90° selezionando l'oggetto e cliccando su una delle doppie frecce.

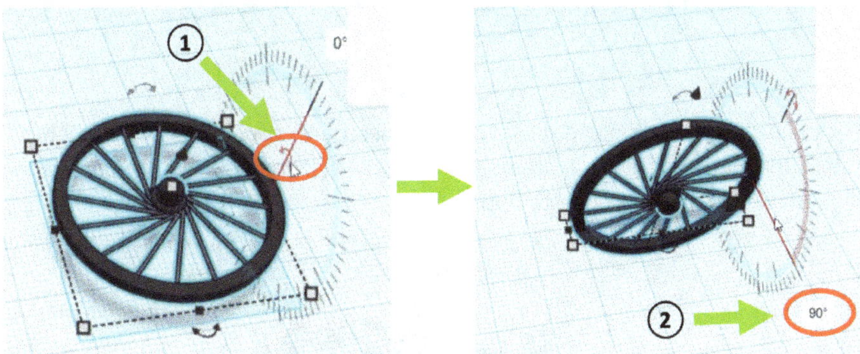

Per posizionare la forcella della ruota, selezioniamo entrambi gli oggetti, premiamo il tasto "L" - questo seleziona il comando "Align" - e clicchiamo successivamente sui punti di allineamento indicati.

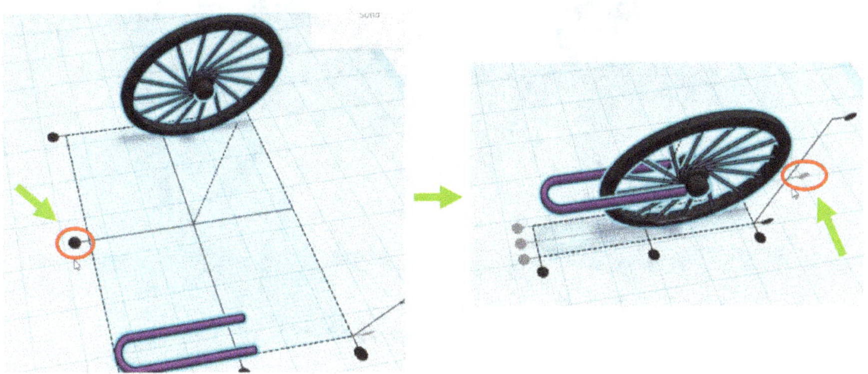

Poi spingiamo la forcella della ruota un po' verso il mozzo della ruota, in modo che la forcella della ruota si posizioni all'incirca al centro del mozzo della ruota.

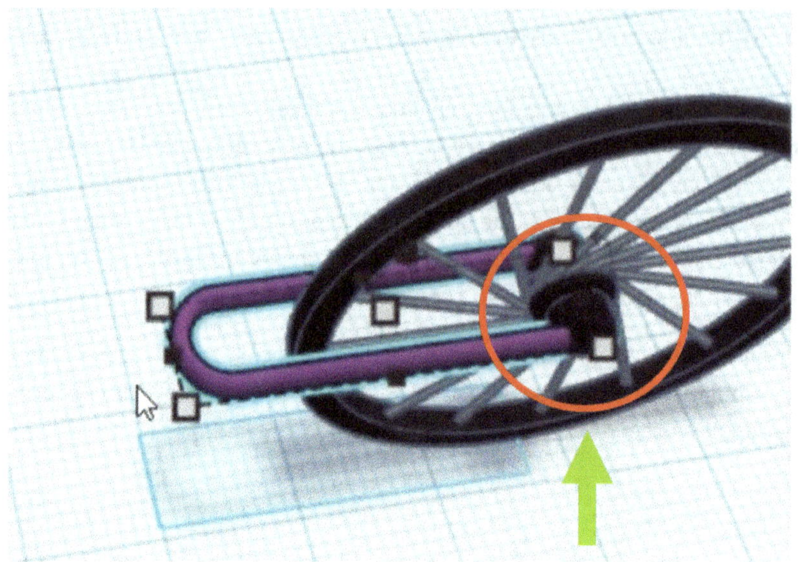

Per creare la seconda parte della forcella posteriore, copiamo semplicemente il tubo curvo selezionandolo e premendo "STRG+D" (scorciatoia per "Duplicate and repeat"). Poi ruotiamo l'oggetto duplicato di 45°.

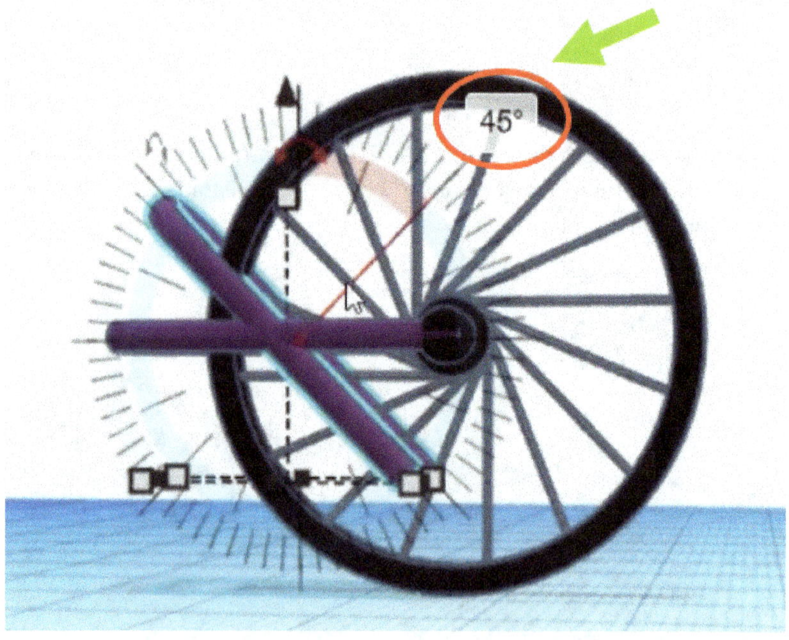

Posizioniamo quindi l'oggetto spostandolo verso l'alto e verso il centro, in modo che si inserisca nel mozzo della ruota, come mostrato in figura.

Questo oggetto ora rappresenta la nostra ruota posteriore con la forcella posteriore.

Per creare la ruota anteriore, selezioniamo la ruota posteriore e la parte inferiore della forcella posteriore (① e ②) e copiamo questi due oggetti con "STRG+D".

Subito dopo possiamo spostare gli oggetti duplicati all'indietro con i tasti freccia della tastiera ① e accorciare la lunghezza della forcella anteriore a 22 mm ②.

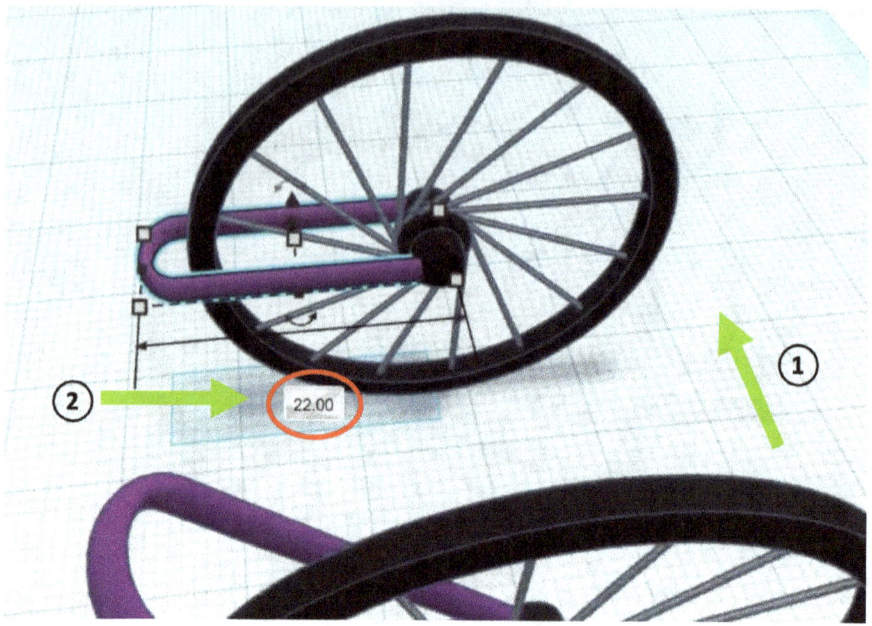

3.4 Creare il telaio della bicicletta

Per il telaio della bicicletta, in questo capitolo creiamo alcuni puntelli che poi colleghiamo tra loro.

Per il primo puntone abbiamo bisogno di un elemento cilindrico le cui dimensioni laterali sono impostate a 3,62 mm ① e l'altezza a 36,25 mm ②. Impostiamo anche i valori delle opzioni "Sides", "Bevel" e "Segments" ③ al loro massimo (64, 2.5, 10).

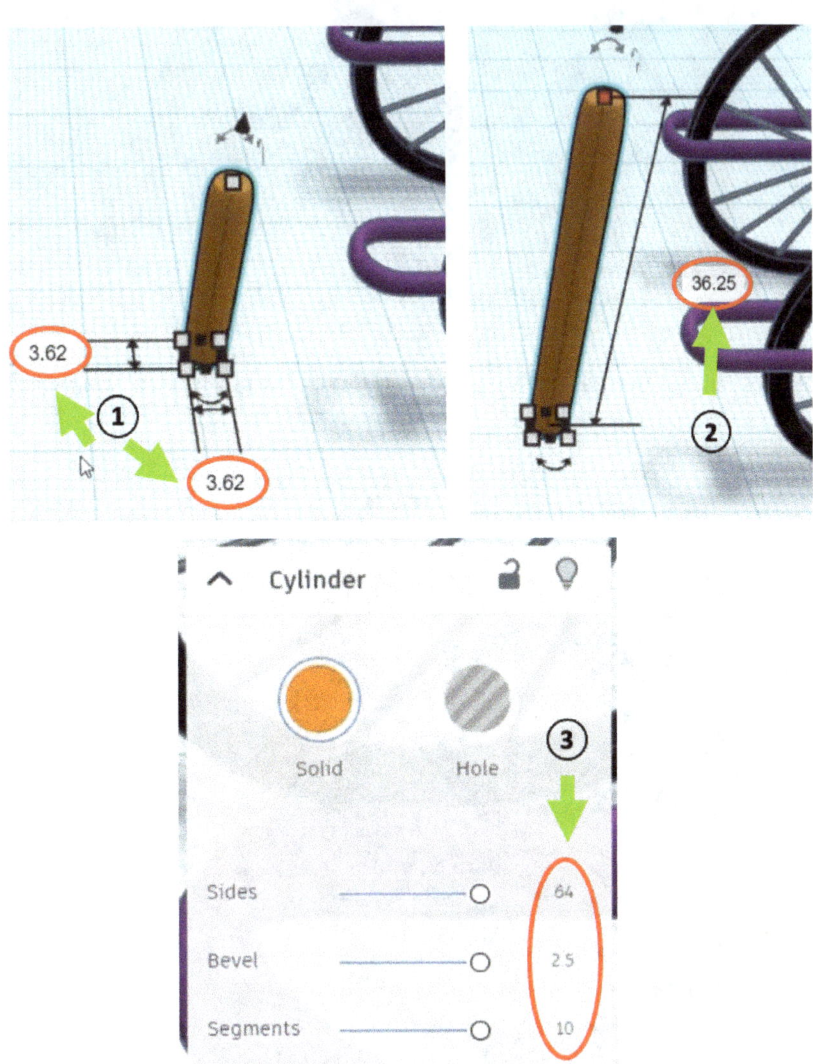

Ora posizioniamo il puntone sulla forcella posteriore marcando il puntone e la ruota posteriore e premendo il pulsante "L" (comando breve per "Align"). Selezioniamo uno dei punti di allineamento centrali ① e poi ruotiamo il puntone di 22,5° ②.

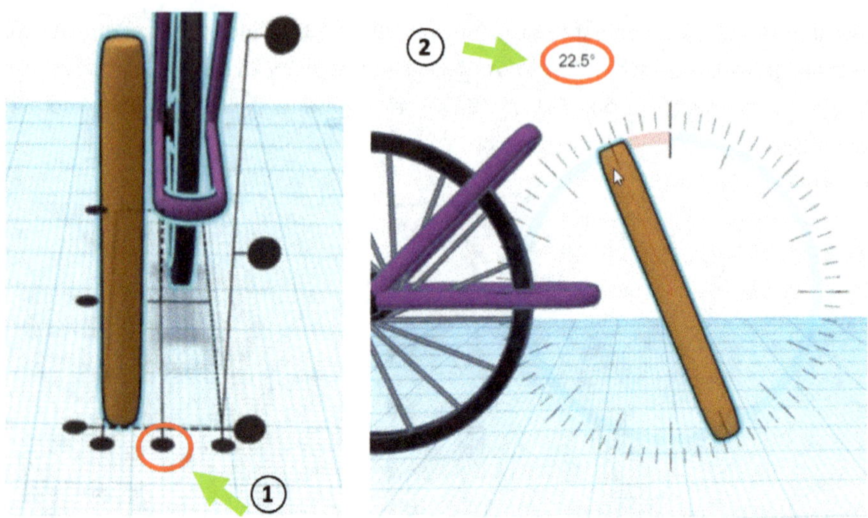

Poi spostiamo il puntone con i tasti freccia della tastiera o trascinandolo con il mouse nella posizione indicata.

Prima di creare il puntone successivo, utilizza il comando "Workplane tool" ① o premi il tasto "W" come comando breve. Poi selezioniamo la superficie superiore del puntone ②.

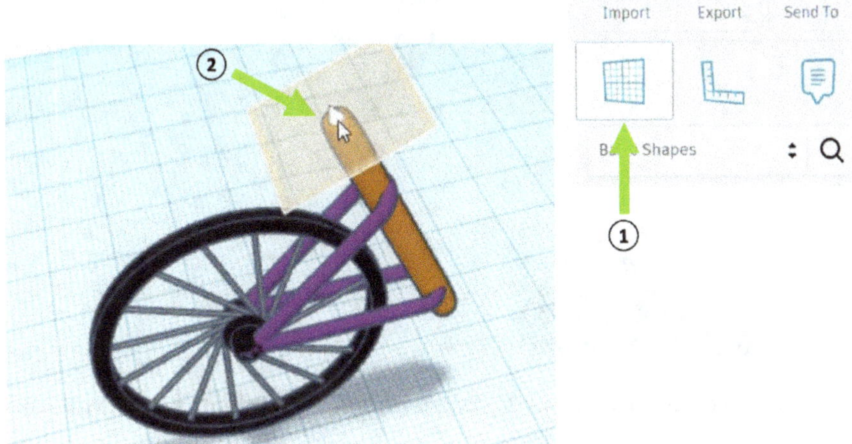

Ora il nostro piano di lavoro si trova sul puntone. Questo ci aiuta a posizionare il prossimo puntone che creeremo con la duplicazione (comando breve: "STRG+D") con l'aiuto del righello virtuale. Vedremo tra poco come funziona. Prima la duplicazione e poi uno spostamento manuale, come mostrato.

Utilizziamo quindi il righello virtuale, che possiamo attivare con il comando "Ruler tool" ① o premendo il tasto "R" (comando breve). Posizioniamo il righello sulla parte superiore del primo puntone ②. In questo modo apparirà una scala bidimensionale con le misure.

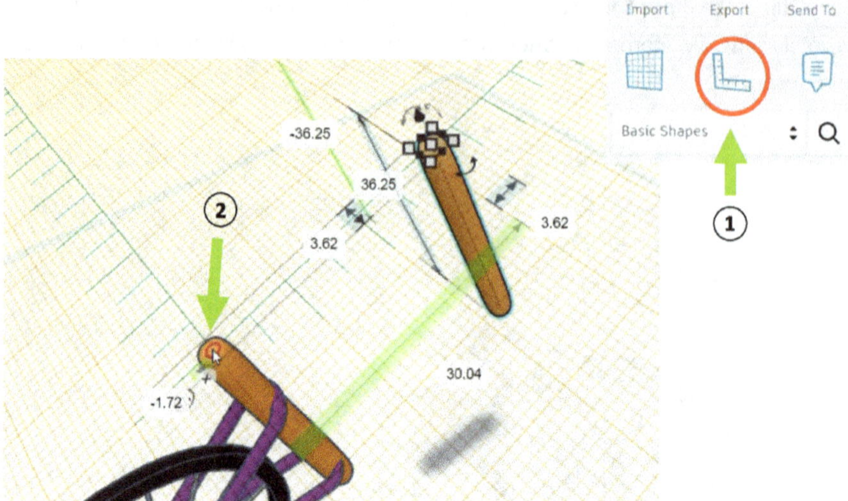

Nella fase successiva cambiamo la distanza tra i due montanti a circa 41,96 mm spostando il montante anteriore.

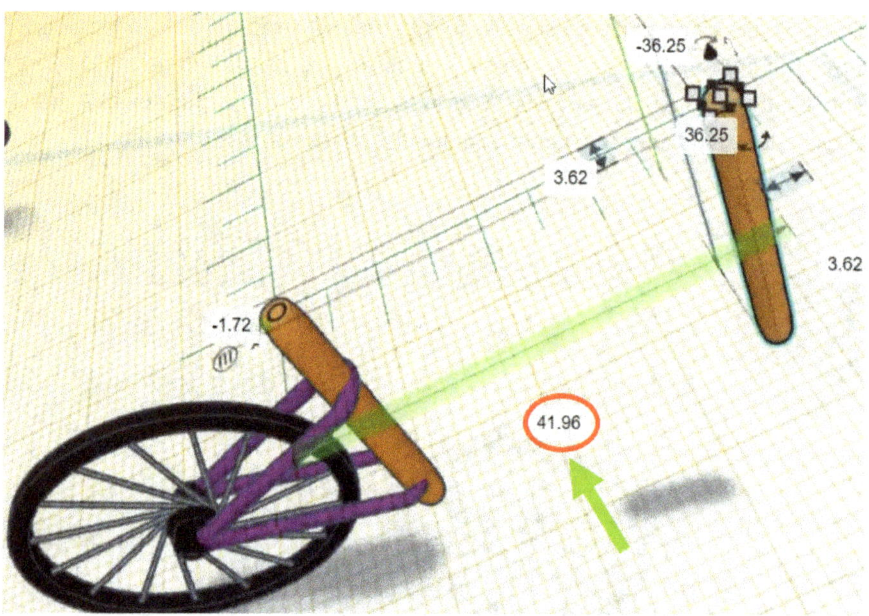

Poi accorciamo il puntone anteriore a un'altezza di circa 10,87 mm.

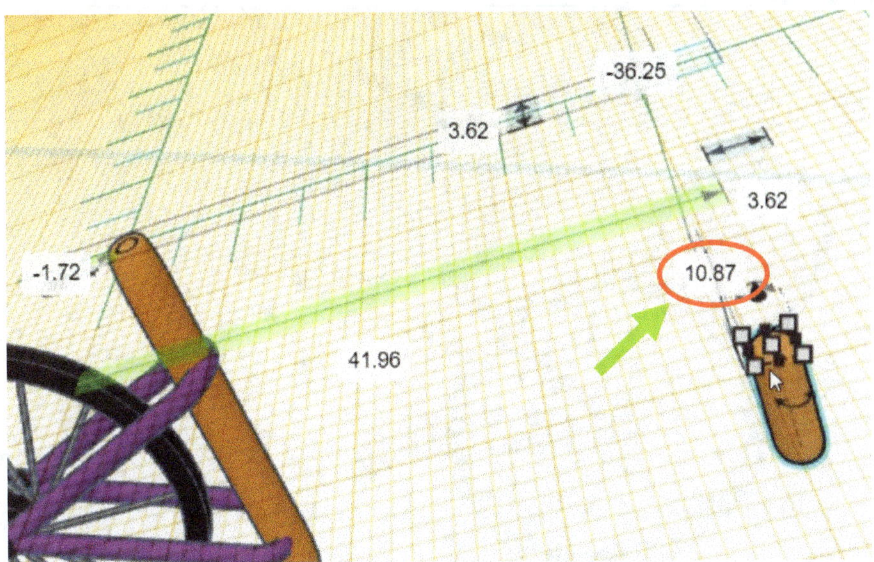

Poi modifichiamo la posizione verticale del puntone a -18,12 mm in modo da posizionarlo un po' più in alto.

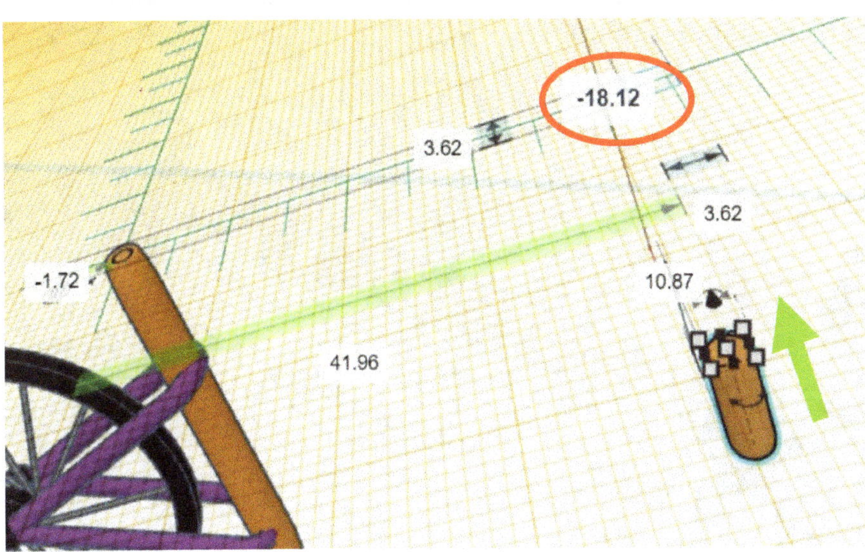

Quindi duplichiamo - con il comando: "Duplicate and repeat" - ancora una volta il puntone ① che abbiamo creato all'inizio e lo ruotiamo di 90° ②.

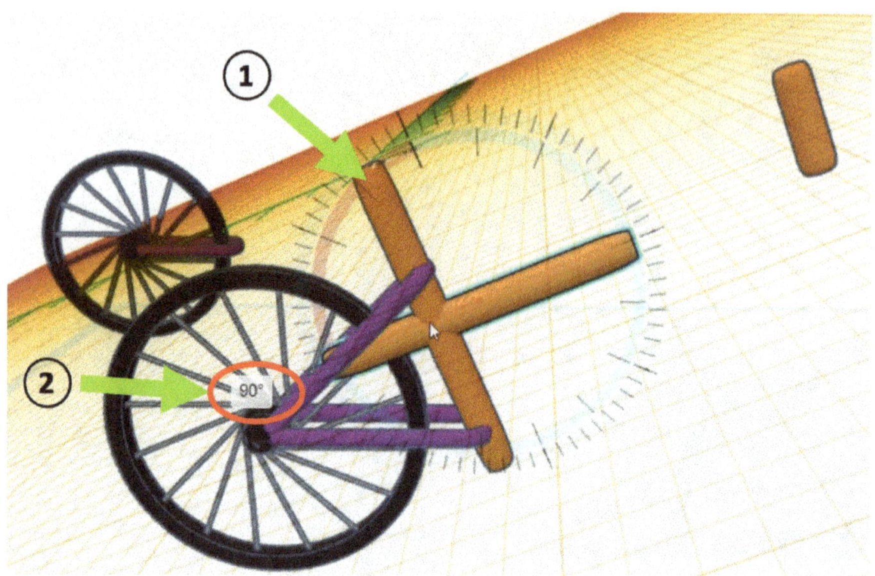

Subito dopo spostiamo questo puntone verso destra e verso l'alto e lo estendiamo sul lato destro in modo da ottenere la posizione mostrata. Aumentiamo anche la larghezza da 3,62 mm a 4,00 mm.

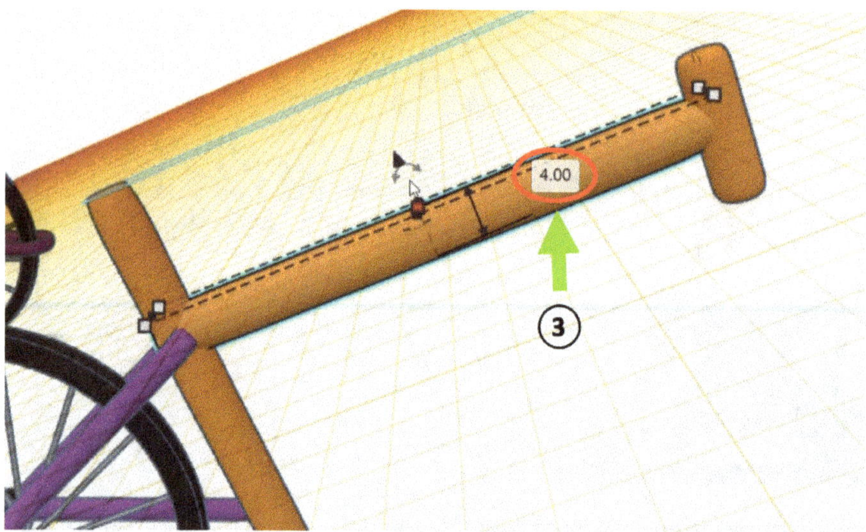

Poi duplichiamo il puntone orizzontale ("STRG+D"), lo ruotiamo di 22,5° e lo spostiamo nella posizione desiderata.

Ora la bicicletta è ancora un po' troppo alta nella parte anteriore, quindi la giriamo di -10° (segnando tutto) e poi la posizioniamo sul nostro piano di lavoro premendo il pulsante "D". La ruota posteriore dovrebbe toccare il piano di lavoro.

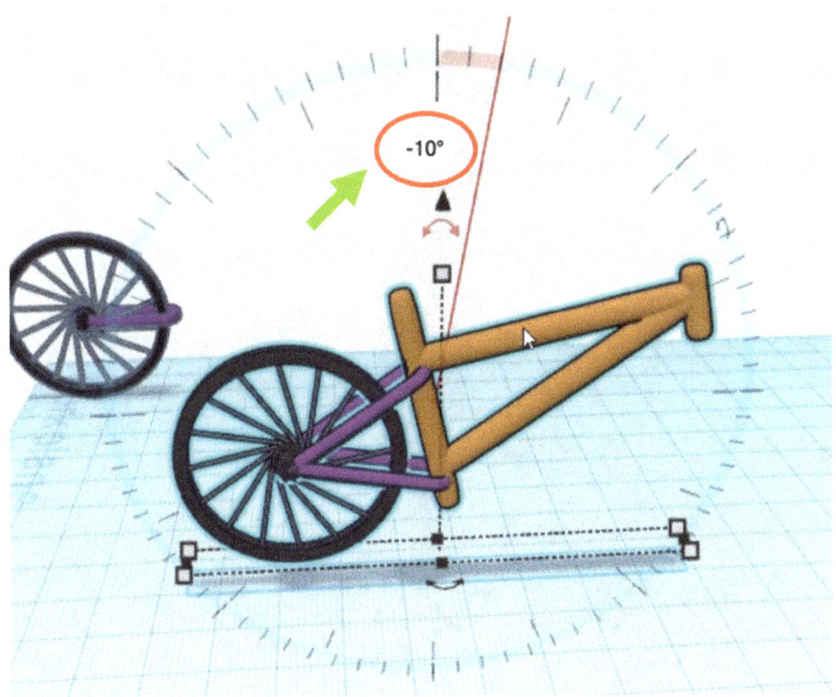

Poi spostiamo e ruotiamo la ruota anteriore in modo che la forcella sia rivolta verso l'alto, come mostrato, e che la ruota anteriore si trovi sotto il telaio della bicicletta.

Con l'aiuto del comando "Align" (comando breve: "L") facciamo in modo che anche la ruota anteriore sia posizionata al centro della bicicletta. Per farlo, seleziona prima tutti gli oggetti e poi il punto di allineamento indicato.

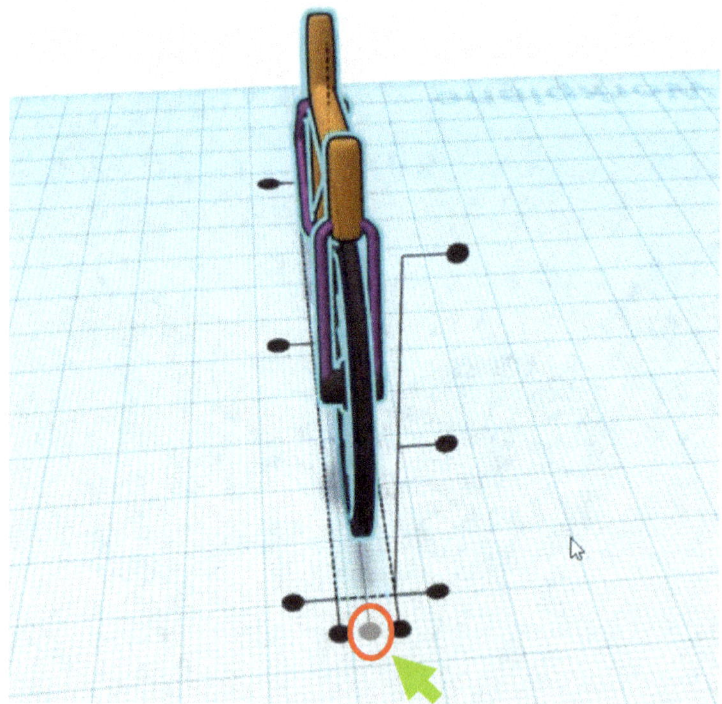

Ora apportiamo alcune modifiche alla forcella della ruota anteriore in modo da poter montare il manubrio sulla bicicletta in un secondo momento. Per farlo, posizioniamo il piano di lavoro con il comando breve "W" sulla parte inferiore ① della forcella della ruota anteriore (clicca). Poi possiamo accorciare un po' la forcella trascinandola, cioè a circa 20 mm ②. Per questo ho nascosto la ruota anteriore.

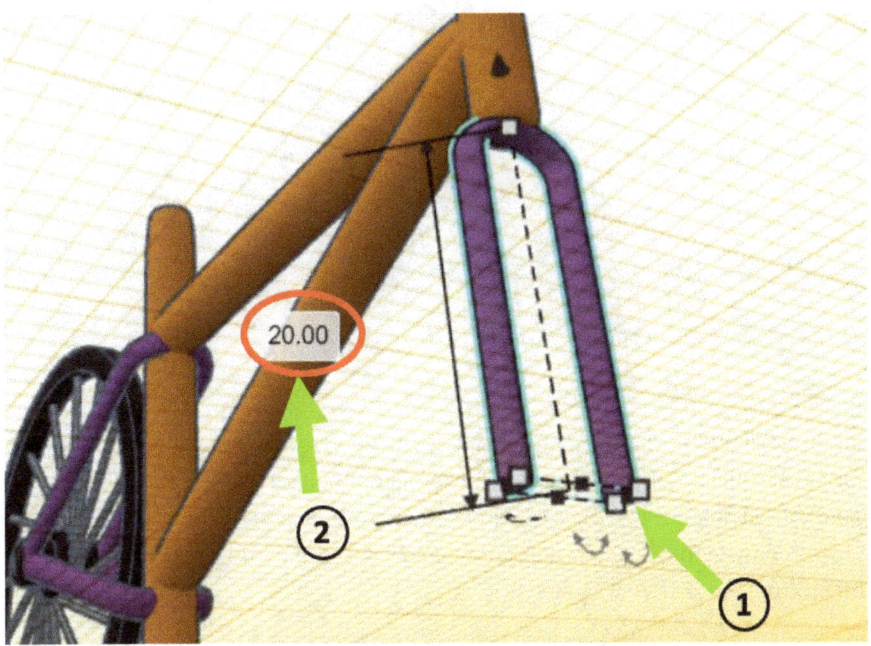

Quindi duplichiamo ("STRG+D") il cosiddetto tubo di sterzo del telaio della bicicletta ① e cambiamo le dimensioni del duplicato a 2,5 mm da ②.

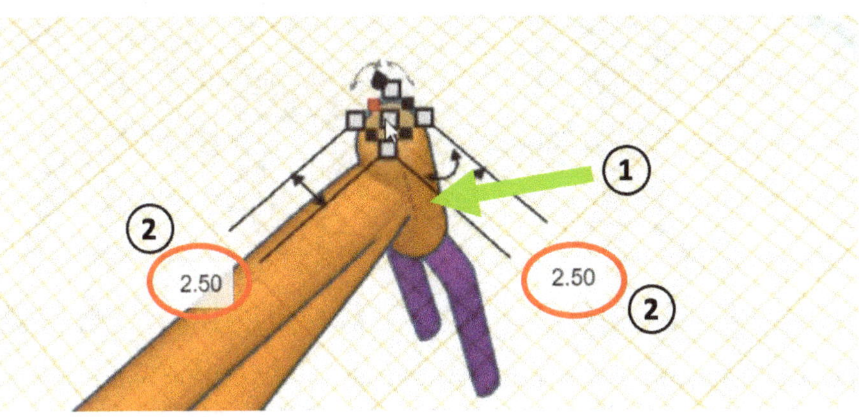

Cambiamo anche la lunghezza dell'oggetto duplicato in 14,87 mm.

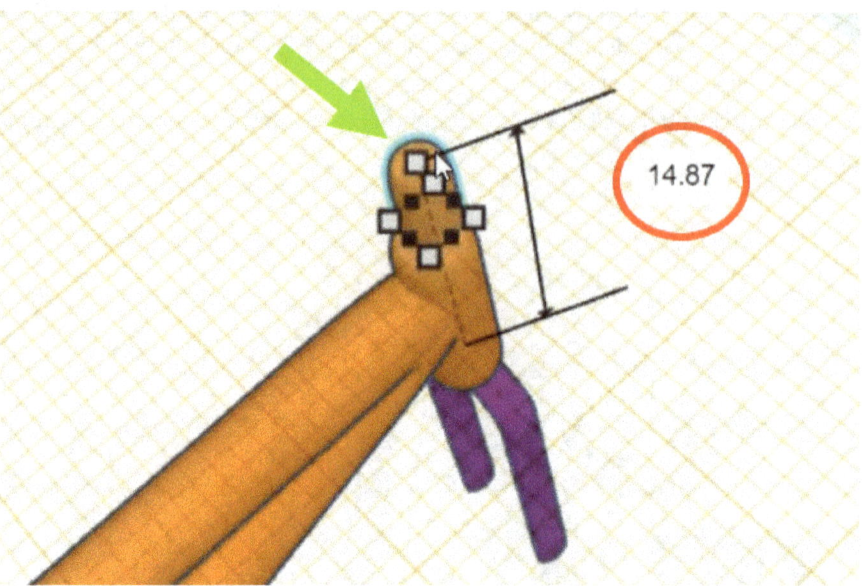

Infine, assicuriamoci che l'oggetto duplicato sia centrato nel tubo di sterzo. Per farlo, selezioniamo i due oggetti ①, premiamo il pulsante "L" e facciamo clic sui punti di allineamento ② e ③ indicati. Potrebbe essere necessario spostare leggermente la forcella della bicicletta verso il basso in modo da posizionarla come mostrato.

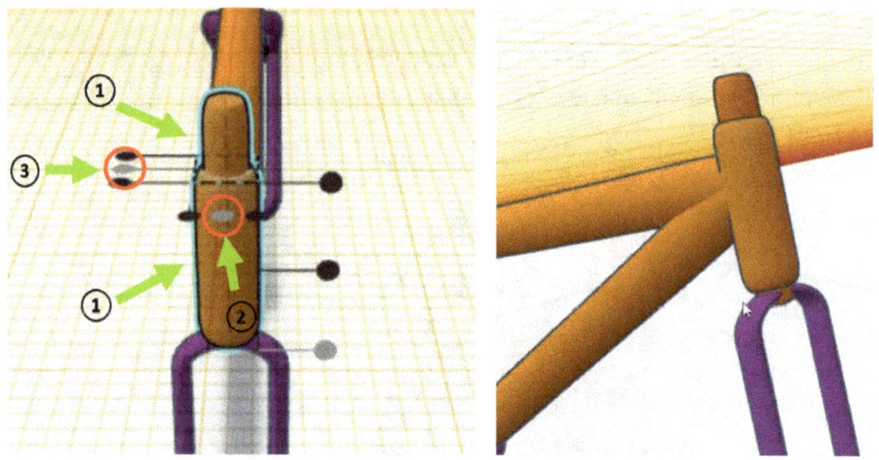

Prima di continuare con il manubrio della bicicletta, possiamo proteggere gli oggetti da ulteriori modifiche e cambiare i colori. Per farlo, seleziona prima la ruota posteriore ① e poi chiudi il piccolo lucchetto nell'area in alto a destra ②. Poi facciamo lo stesso con la ruota anteriore (non mostrata).

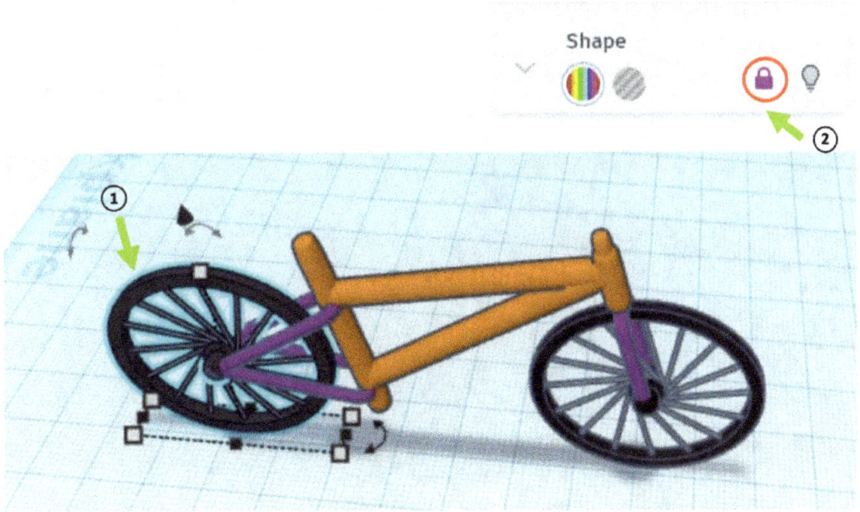

Cambiamo il colore del telaio della bicicletta selezionando tutti gli oggetti e utilizzando una tonalità che ci piace.

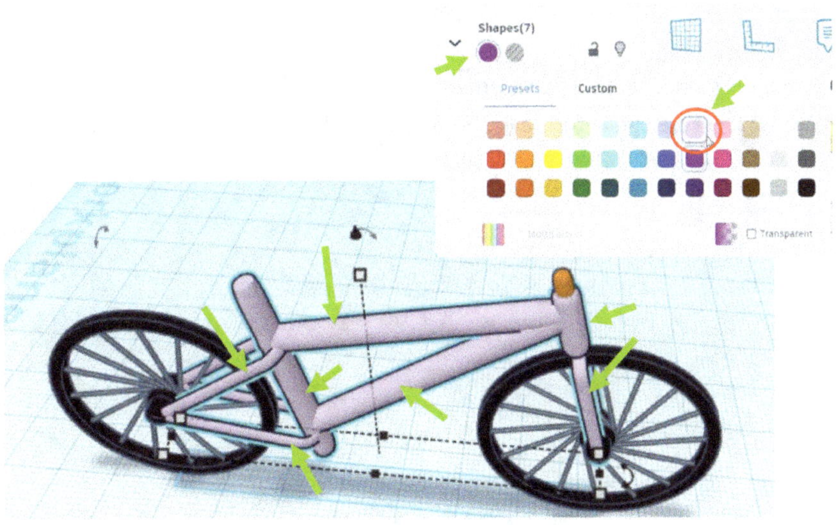

Ho anche cambiato il colore della parte a cui poi attaccheremo il manubrio.

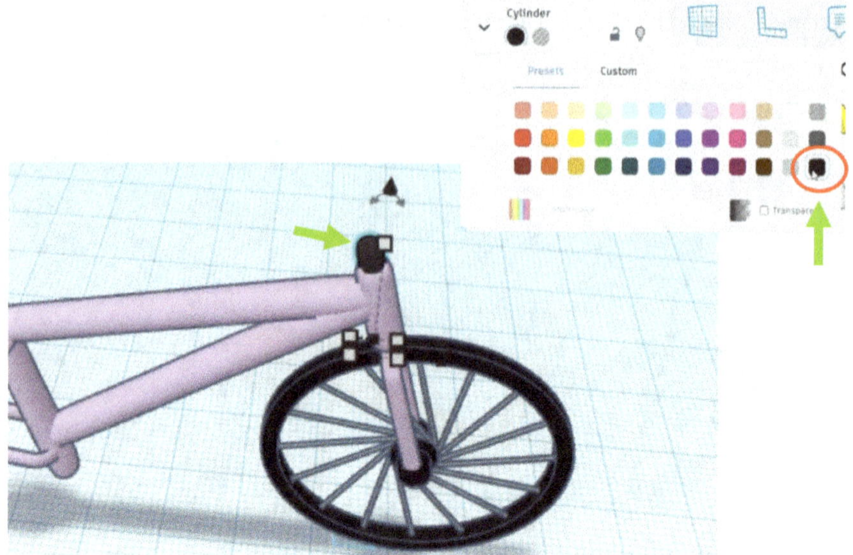

Ora siamo già arrivati molto lontano, finora è stato fatto tutto in modo impeccabile! Presto potremo terminare il progetto, mancano solo il manubrio, il movimento centrale e i pedali, oltre alla sella della bici. Andiamo avanti!

3.5 Crea il manubrio della bicicletta

Per il manubrio, partiamo da un elemento cilindrico ① le cui dimensioni ② (③= 19, W= 1,81, H= 1,81) e la forma (③ e ④) sono modificate come mostrato.

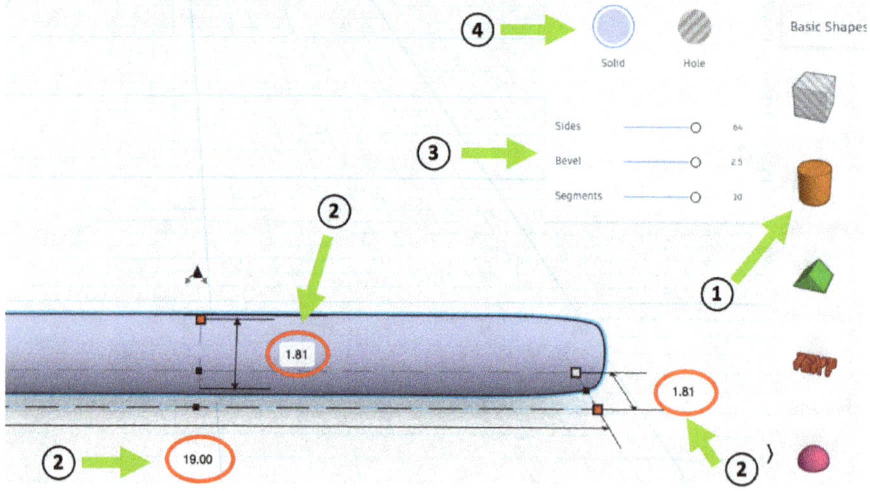

Per il resto della geometria, duplichiamo l'oggetto appena creato, spostiamolo leggermente verso l'alto e cambiamo la lunghezza in 9 mm ①. Poi lo spostiamo leggermente a sinistra ② e lo duplichiamo di nuovo ③. Dopo una rotazione di 45° ③ posizioniamo tutti e tre gli oggetti come mostrato ④. In questo modo otteniamo il nostro manubrio e una delle manopole del manubrio. Come puoi vedere, ho colorato di nero anche la manopola del manubrio.

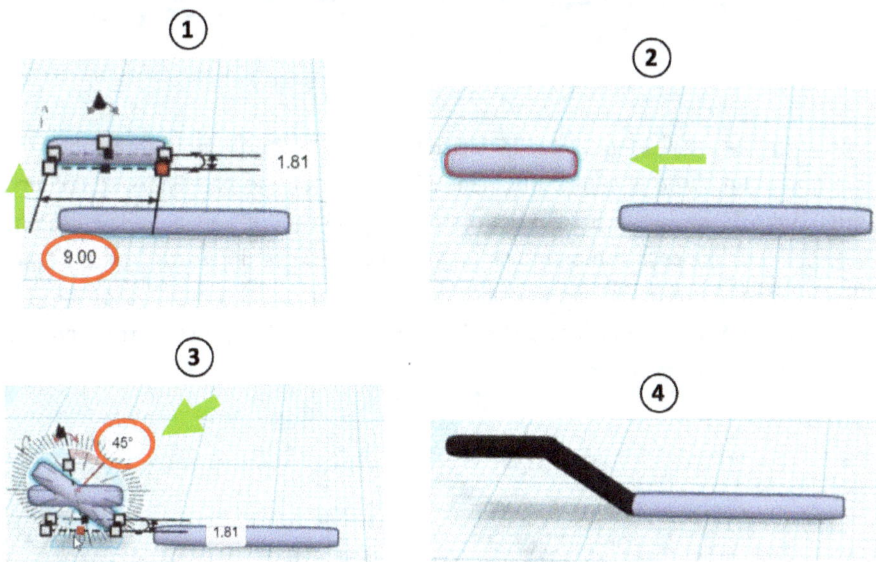

Per ottenere una maniglia anche sull'altro lato del manubrio, potremmo ripetere la stessa procedura. Tuttavia, è molto più veloce duplicare prima la parte della maniglia ① e poi specchiarla con il comando "Mirror" (② e ③).

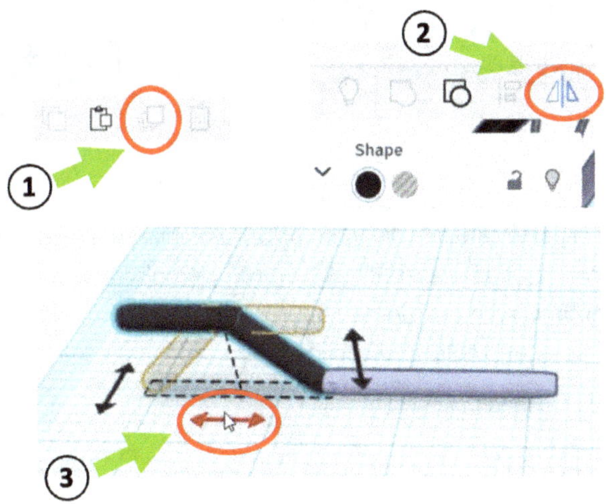

Poi basta spostare la maniglia duplicata e specchiata sull'altro lato.

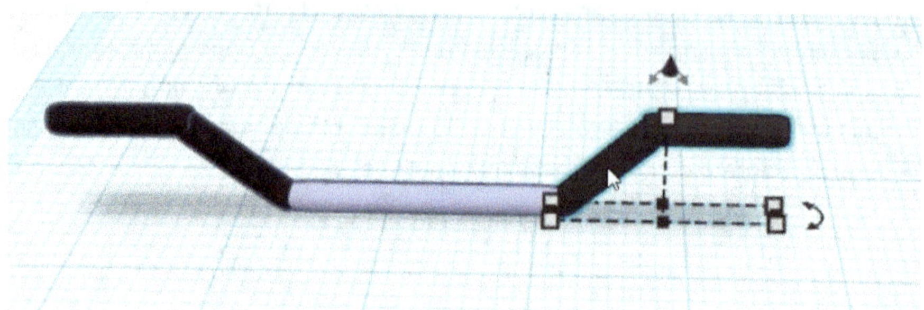

Per poter fissare il manubrio alla bicicletta in un secondo momento, abbiamo bisogno di un corpo al centro del manubrio nel penultimo passaggio. Lo creiamo duplicando la parte centrale (blu chiaro) e modificandone le dimensioni come segue. Per prima cosa cambiamo la lunghezza della parte duplicata a circa 12 mm ①, l'altezza a 2 mm ② e anche la larghezza a 2 mm ③. Infine, accorciamo la lunghezza a 5 mm ④ in modo che l'oggetto si collochi approssimativamente al centro e lo coloriamo di nero ⑤.

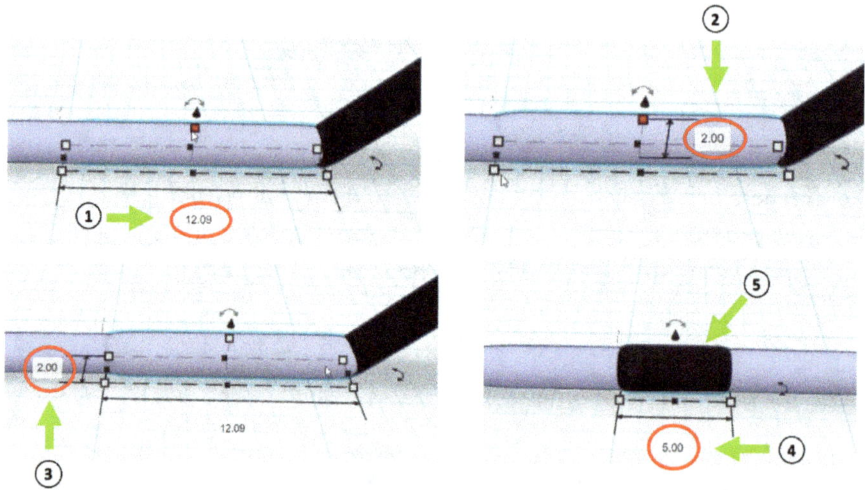

Per completare la parte centrale del manubrio, duplichiamo nuovamente l'asta del manubrio azzurro, ruotiamola di 90° ① e accorciamola di 4 mm ②. L'oggetto duplicato dovrebbe essere posizionato approssimativamente come mostrato ③. A questo punto possiamo colorarlo anche di nero.

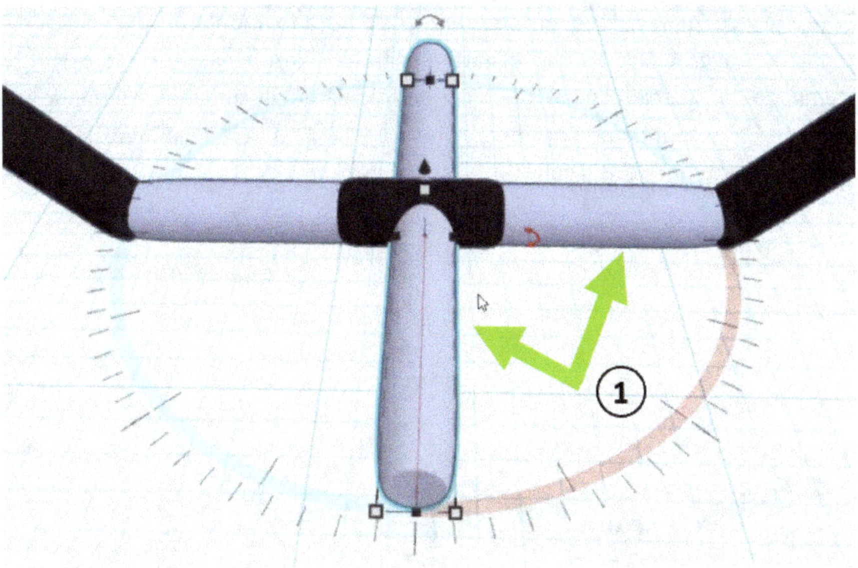

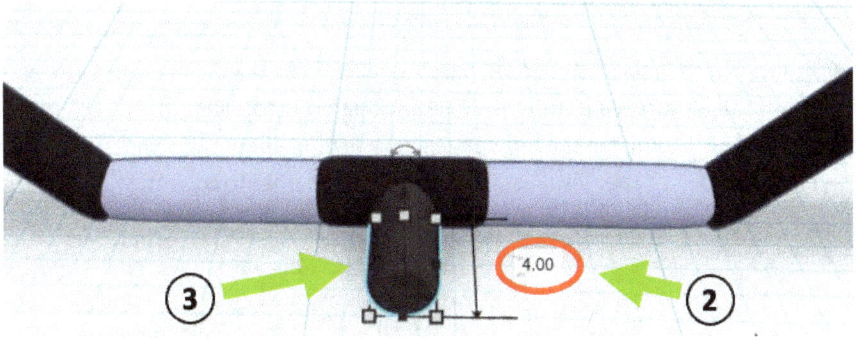

In modo che la parte nera centrale sia concentrica con il manubrio (azzurro), marchiamo le due parti ("SHIFT" premuto) ① e premiamo il tasto "L" per il comando "Align". Clicchiamo quindi successivamente sul manubrio azzurro ② e sui punti di allineamento indicati ③ e ④.

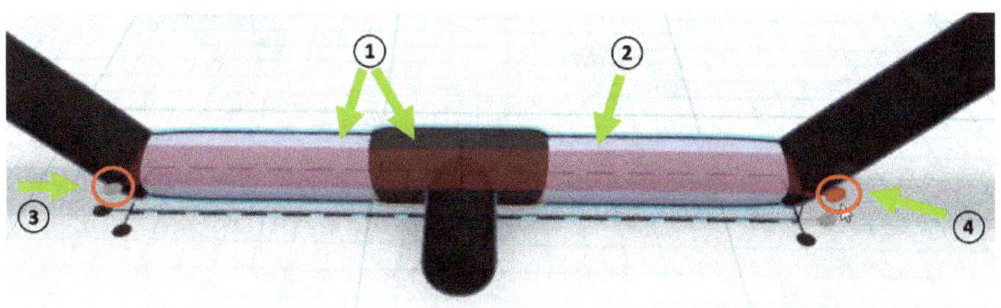

Ora il nostro manubrio è pronto! Prima di poterlo montare sulla bicicletta, dobbiamo raggruppare tutti gli oggetti. Per farlo, selezioniamo tutte le parti ①, premiamo la scorciatoia "STRG+G" o selezioniamo il comando cliccando sul pulsante ② e spuntiamo l'opzione "Multicolor" (③ e ④) nelle impostazioni in modo da mantenere tutti i colori.

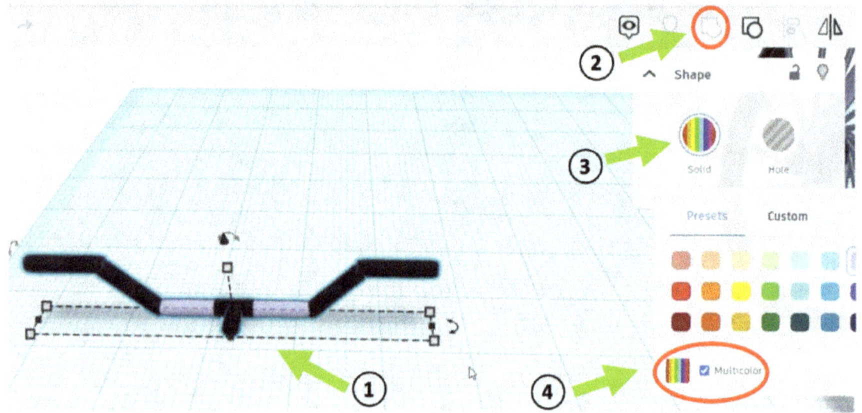

Per montare il manubrio, nel primo passo selezioniamo sia il manubrio ① che la parte nera della forcella anteriore ② e premiamo il comando breve "L" (per il comando "Align"). Poi, nel secondo passaggio, clicca di nuovo sulla parte nera della forcella anteriore ③ per visualizzare i punti di allineamento corretti.

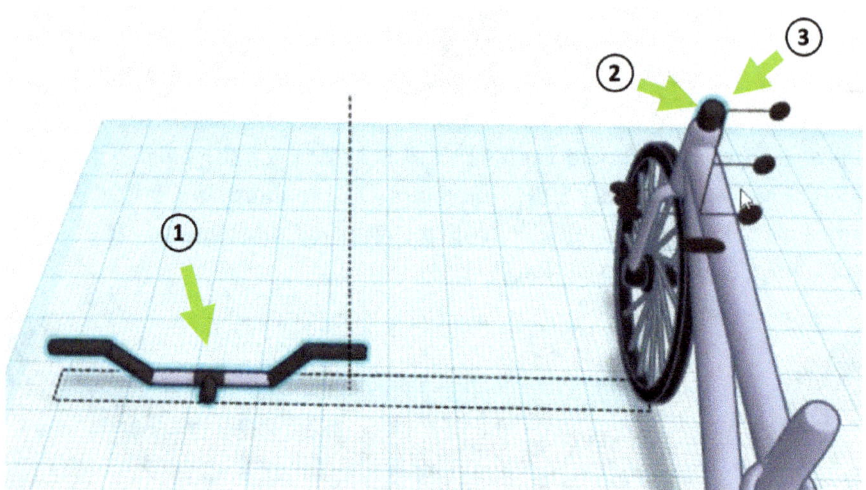

Poi clicchiamo sui punti di allineamento mostrati uno dopo l'altro in modo da posizionare il manubrio al centro dell'area anteriore della bicicletta.

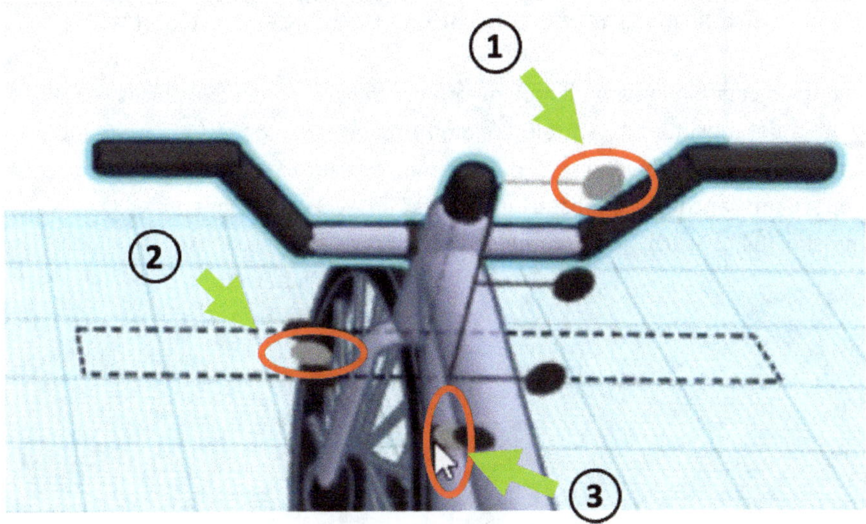

Infine, dobbiamo spostare il manubrio un po' più in alto.

Perfettamente fatto! Abbiamo completato un'altra parte di questo progetto. Continuiamo con il movimento centrale e i pedali, presto avremo la bici completamente finita!

3.6 Il movimento centrale e i pedali della bicicletta

In questo capitolo creiamo il movimento centrale e i pedali della bicicletta. Per la scatola del movimento centrale creiamo un corpo cilindrico ① la cui altezza e lunghezza dei lati deve essere di 7,25 mm ciascuno ②. Come spesso accade, impostiamo anche le impostazioni "Sides", "Bevel" e "Segments" ③ ai valori massimi (64, 2.5, 10). Infine, cambiamo il colore ④.

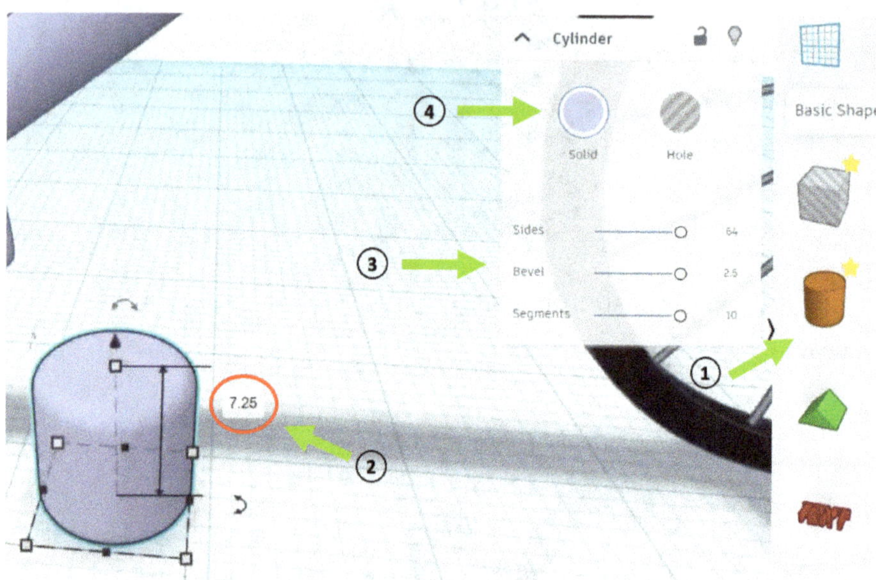

Quindi ruotiamo questo oggetto di 90° e lo posizioniamo al centro dell'area inferiore del telaio della bicicletta (sposta l'oggetto e usa il comando "Align").

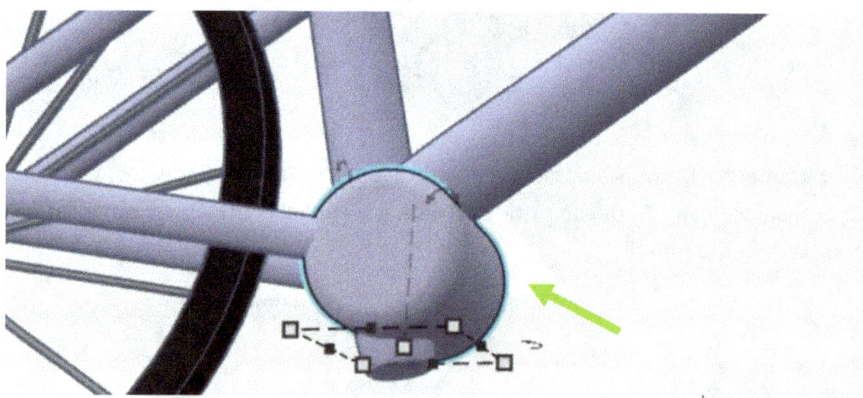

Si nota che il telaio della bicicletta sporge ancora un po' nella zona inferiore. Ora vorremmo rimuovere questa sporgenza. Come possiamo farlo? Per prima cosa prova tu stesso, la soluzione seguirà immediatamente.

-------------------------------------- Ecco la soluzione: --------------------------------------

Posizioniamo il nostro piano di lavoro sulla superficie inferiore della parte sporgente utilizzando la scorciatoia "W" e possiamo poi accorciarlo facilmente trascinando la sporgenza verso l'alto con il mouse.

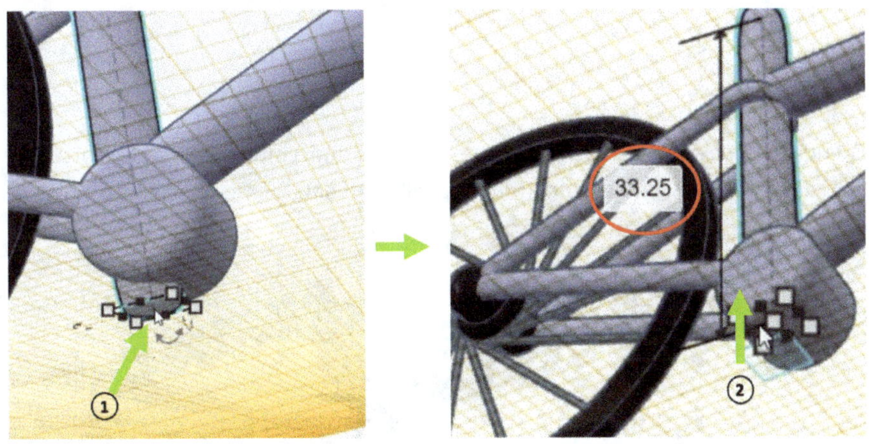

Ora continuiamo con il movimento centrale e i pedali, che posizioneremo nella scatola del movimento centrale.

Per prima cosa creiamo il movimento centrale da un oggetto cilindrico di colore nero. Le dimensioni sono: Larghezza = 4 mm, Altezza = 4 mm e Lunghezza = 9 mm.

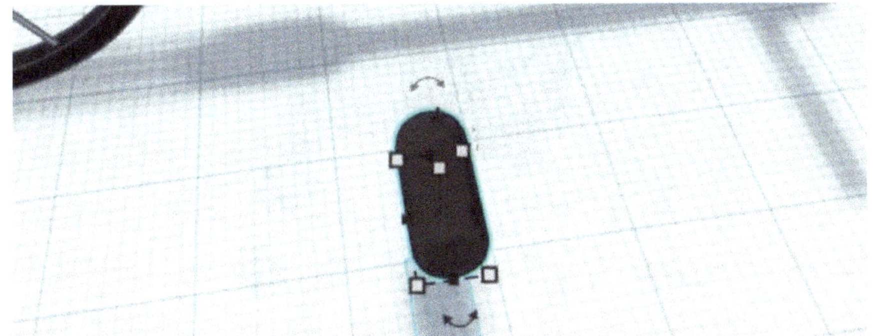

Quindi duplichiamo questo oggetto e modifichiamo la lunghezza del duplicato in 11 mm e l'altezza e la larghezza in 1,81 mm ciascuna.

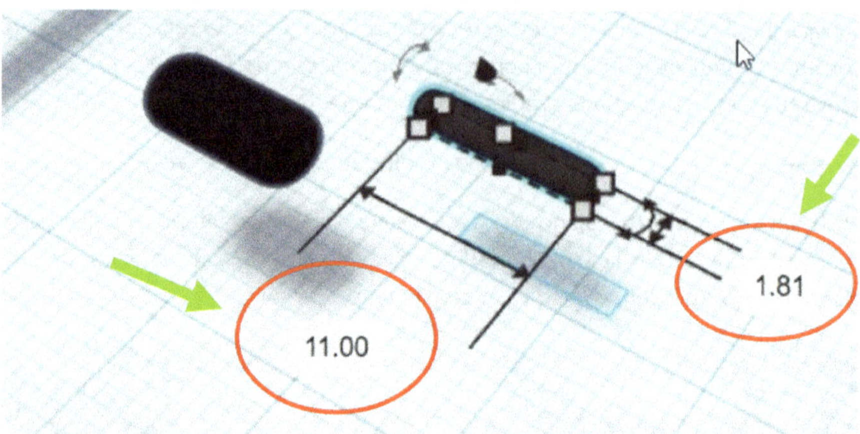

Quindi duplichiamo e spostiamo questa parte due volte in modo da ottenere l'oggetto mostrato, che è la nostra manovella a pedale.

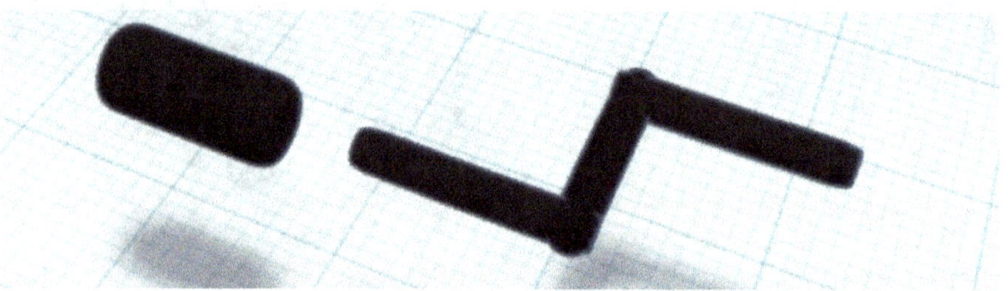

Dopo un giro, possiamo collegare questa pedivella al movimento centrale centrato.

Ora mancano solo i due pedali. Creiamo i pedali da una geometria cubica ("Dice"). Possiamo trovare questa geometria nella libreria delle forme ①. Per creare il nostro pedale, cambiamo le dimensioni del cubo in 10 mm per la lunghezza, 4 mm per la larghezza e 2 mm per l'altezza da ②.

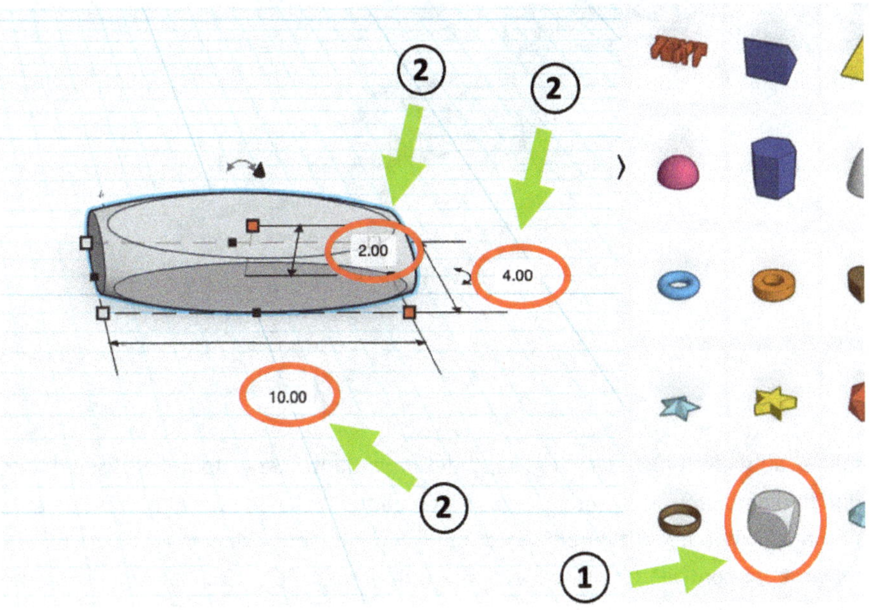

Dopo una rotazione e uno spostamento, possiamo posizionare il primo pedale.

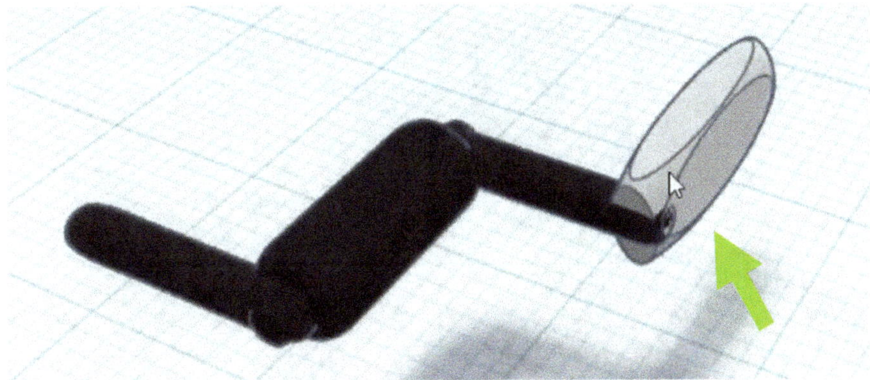

Quindi duplichiamo il primo pedale e spostiamolo dall'altra parte per ottenere il secondo pedale. Raggruppiamo anche il movimento centrale, la pedivella e i pedali selezionando tutte le parti e utilizzando la scorciatoia "STRG+G". Ricordati di attivare l'opzione "Multicolor" per mantenere i diversi colori.

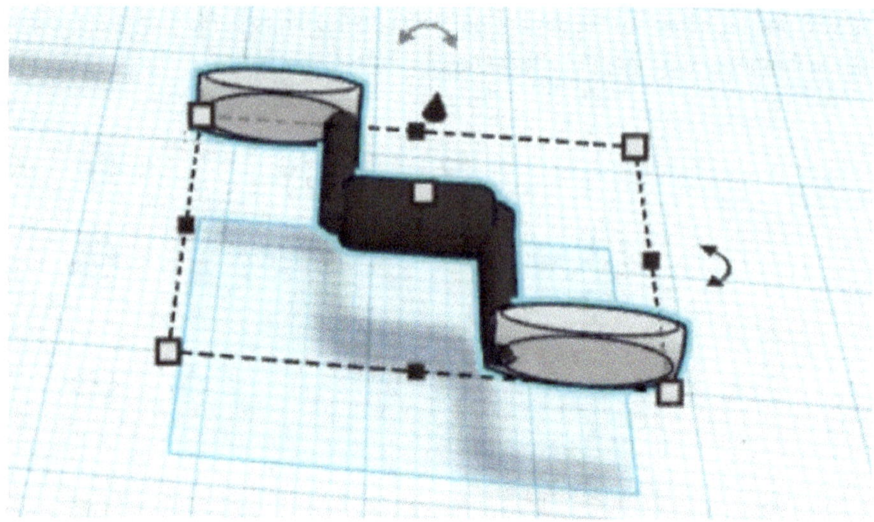

Infine, dobbiamo installare il gruppo del movimento centrale nella bicicletta. Lo posizioniamo con il comando breve "L" (comando "Align"). Per farlo, selezioniamo prima il gruppo del movimento centrale ① (tasto shift premuto) e la scatola del movimento centrale ②. Dopo aver premuto il tasto "L", clicchiamo nuovamente sul guscio della staffa inferiore ③ in modo da visualizzare i punti di allineamento corretti. Ora selezioniamo ciascuno dei punti di allineamento centrali ④.

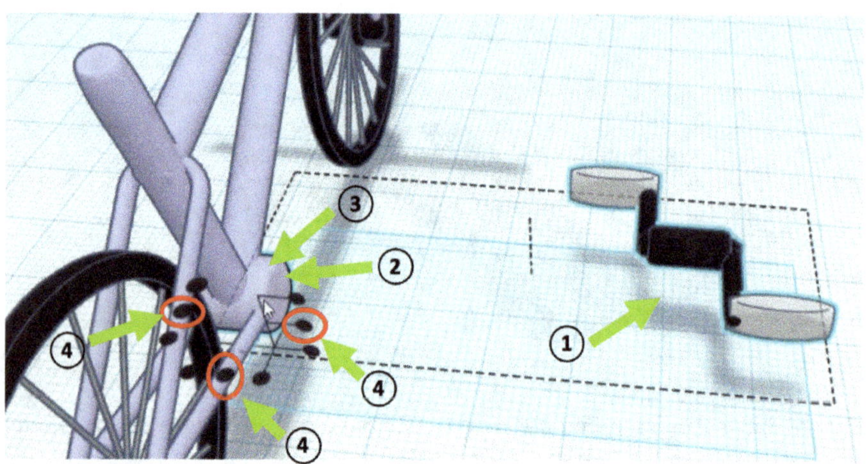

Manca solo la sella per la bici e poi il progetto è fatto! Resta sintonizzato, è quasi finito!

3.7 Il sellino della bicicletta

Creiamo il sellino della bicicletta con l'oggetto base "Paraboloid" ① dalla libreria delle forme. Dopo aver ruotato l'oggetto ② di 90°, dobbiamo eseguire alcuni altri passaggi.

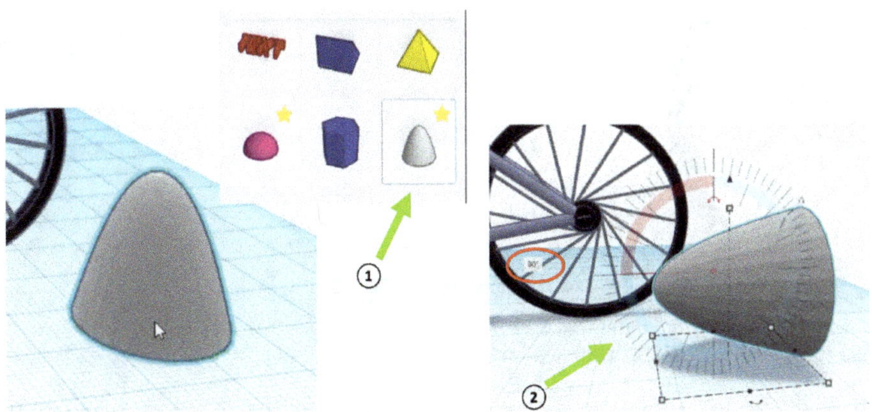

Per prima cosa, cambiamo l'altezza dell'oggetto ruotato a 7 mm ① e in secondo luogo duplichiamo la parte e trasciniamo il duplicato ② all'indietro con il mouse in direzione della freccia arancione ③. Poi cambiamo la larghezza di entrambi gli oggetti in 15 mm ④.

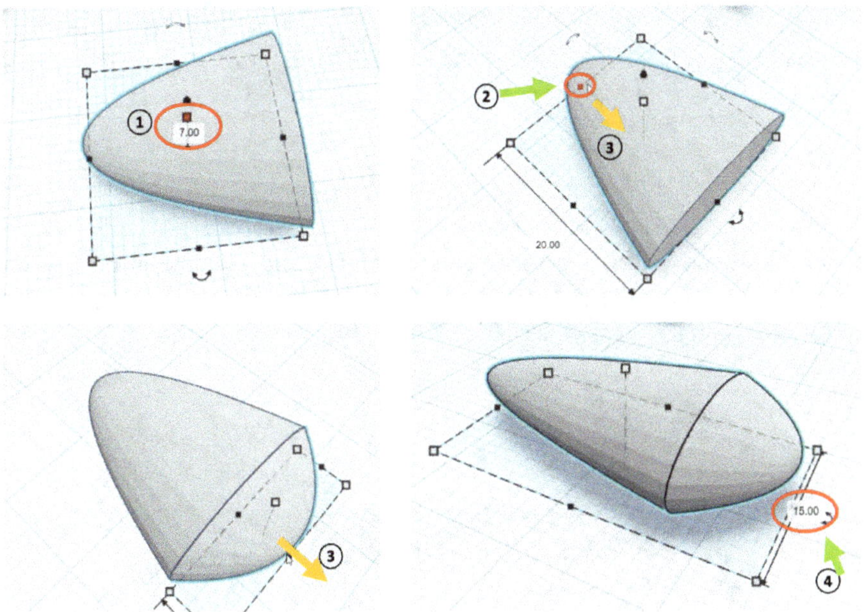

Quindi duplichiamo la parte e rimuoviamo la parte inferiore della sella impostando l'oggetto duplicato su "Hole", spostandolo di 1 mm verso il basso e poi raggruppando entrambi gli oggetti ("STRG+G").

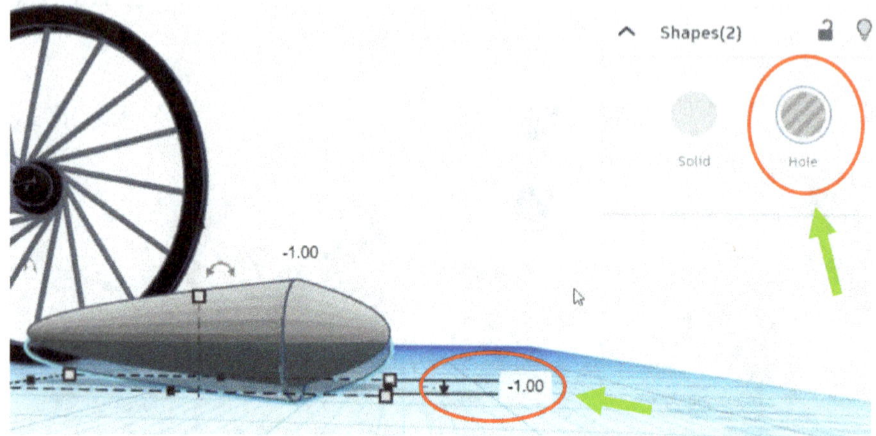

La sella è risultata un po' troppo grande per me; quindi, modifico nuovamente le dimensioni dell'oggetto raggruppato. Accorcio la lunghezza a 20 mm e la larghezza a 12 mm. L'altezza rimane di 4 mm.

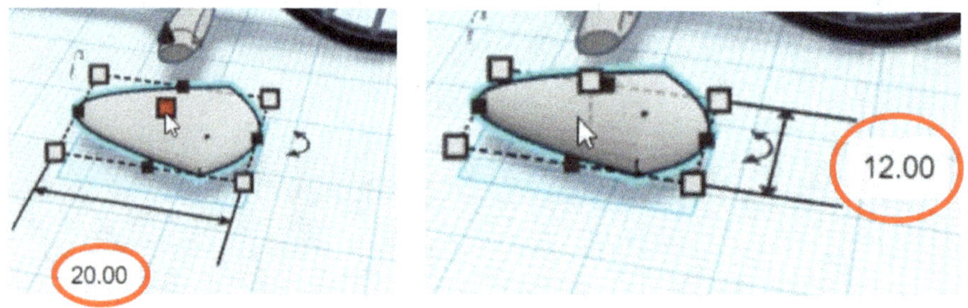

Infine, possiamo colorare la sella come desiderato, ad esempio in nero, e poi spostarla e posizionarla con il mouse. Per l'allineamento centrale puoi anche utilizzare il comando "Align".

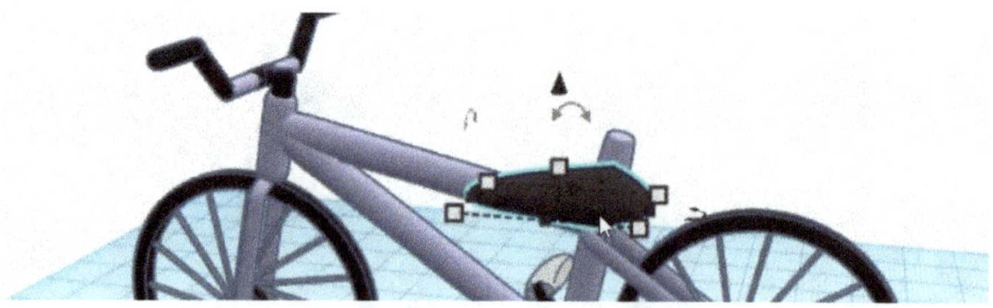

Wow! È stato un progetto piuttosto lungo e complesso. Se sei arrivato fin qui, puoi essere molto orgoglioso di te stesso. Hai fatto molto e ti sei esercitato molto con "Tinkercad". La bicicletta finita dovrebbe avere un aspetto simile a questo. Naturalmente, non importa se la tua bici ha un aspetto leggermente diverso o se hai scelto colori diversi. Sii creativo e pensa con la tua testa, è giusto così!

Capitolo 4 | Modello 3D Progetto 3: Sveglia retrò

In questo terzo progetto creeremo una sveglia retrò. Come sempre, puoi copiare il modello finito nel tuo account "Tinkercad" utilizzando il seguente link:

https://tinyurl.com/3mererah

Procediamo con la costruzione come segue. Per prima cosa iniziamo con l'involucro della sveglia, poi creiamo il quadrante e le lancette. Poi vengono le campane e il martello che fa suonare le campane. Infine, aggiungiamo l'interruttore bianco on/off nella parte superiore e i piedi nella parte inferiore. Tutto questo viene fatto passo dopo passo.

4.1 L'alloggiamento della sveglia

L'alloggiamento della sveglia è costituito innanzitutto da un corpo di base cilindrico, la cui lunghezza e larghezza aumentano a 150 mm e l'altezza a 65 mm. In questa fase possiamo anche assegnare il colore giallo.

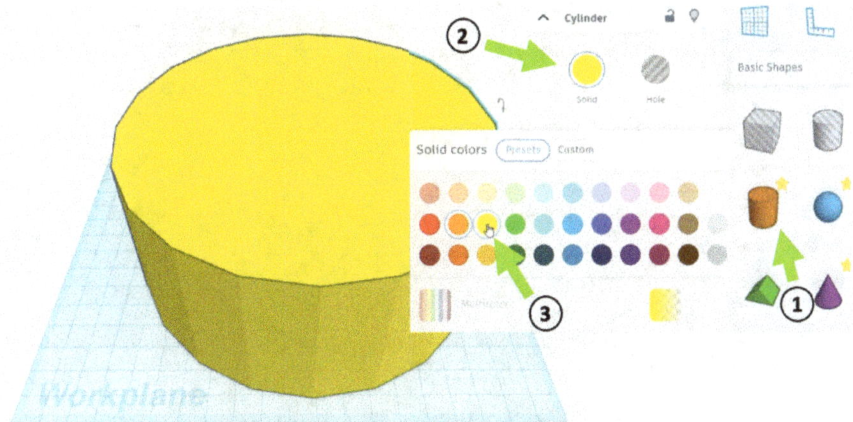

Poiché il cilindro è ancora un po' troppo angolare per me, nella fase successiva aumentiamo tutti i parametri delle impostazioni dell'oggetto al massimo (64, 2.5, 10). Per farlo, basta tirare tutti e tre i cursori verso destra.

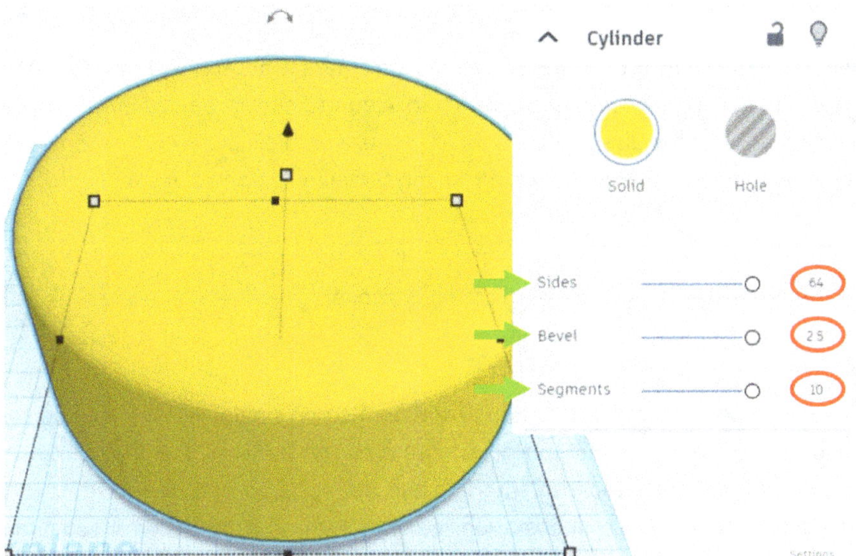

Ora vogliamo fare spazio al quadrante dell'orologio e alle lancette. Per fare ciò, il nostro cilindro precedente dovrà assumere la seguente forma:

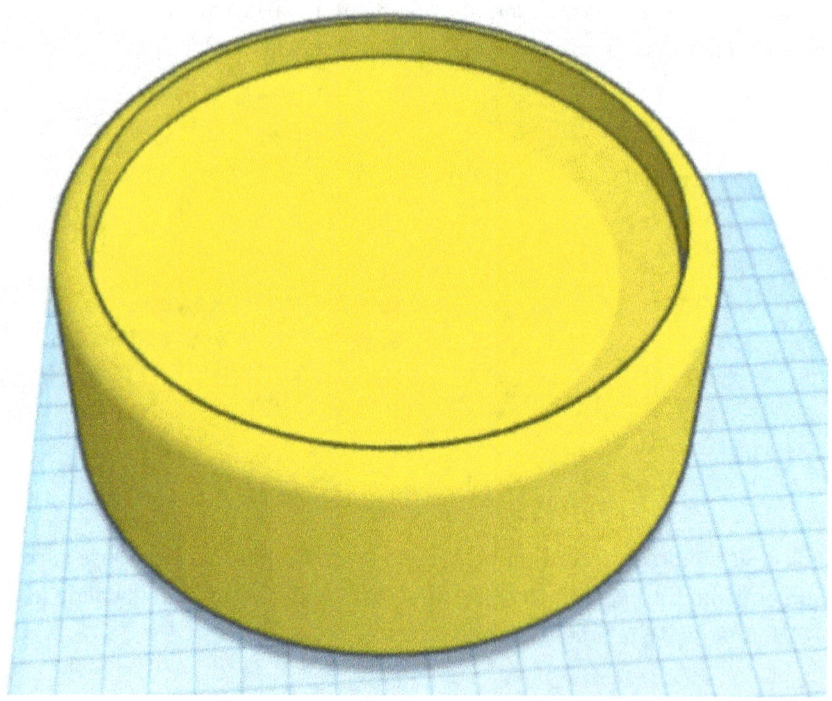

Sentiti libero di pensare a come potremmo affrontare la questione. Forse a questo punto riuscirai a trovare la soluzione da solo. A questo punto non c'è niente di male a fare qualche prova da soli. Puoi lavorare prima a occhio e poi prendere le misure corrette in un secondo momento. Altrimenti ti svelerei troppo a questo punto.

-- Ecco la soluzione: --

Creiamo la geometria desiderata utilizzando un corpo simile all'involucro con cui creiamo una sezione. Quindi sottraiamo due corpi l'uno all'altro. Per creare il corpo simile, duplichiamo semplicemente la cassa dell'orologio precedente (CTRL+D), passiamo a "Hole" nelle impostazioni e centriamo i due corpi con il comando "Align" (tasto "L"). Poi spostiamo il corpo duplicato un po' più in alto in modo che abbia una distanza di 46 mm dal pavimento.

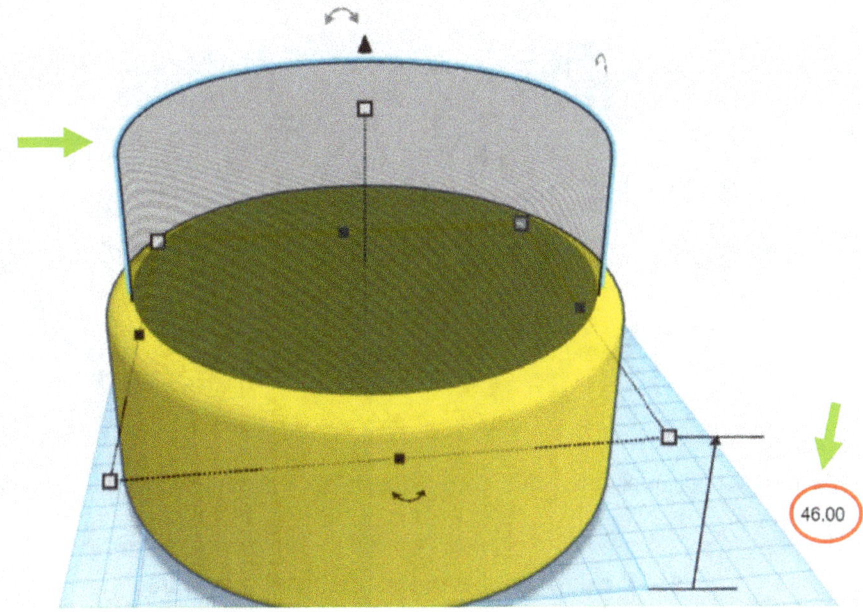

Nel passaggio successivo modifichiamo le impostazioni della parte superiore del corpo. Per far sì che il ritaglio abbia l'aspetto desiderato, impostiamo i valori 64, 2 e 1 per le impostazioni "Sides", "Bevel" e "Segments".

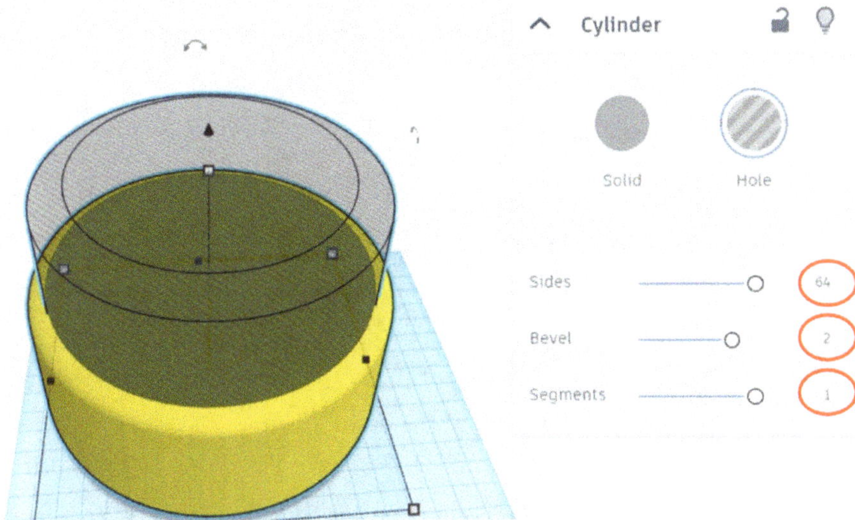

Prima di raggruppare i due corpi, duplichiamo il corpo superiore ("STRG+D") e spostiamolo di lato. Lo usiamo quindi per creare la base del quadrante dell'orologio.

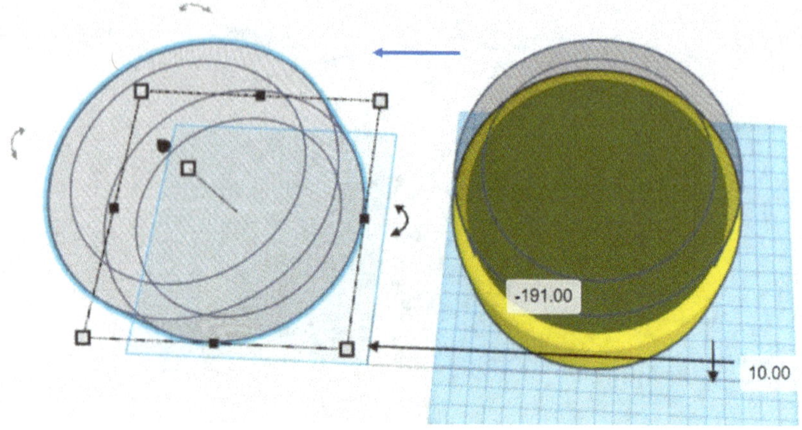

Ma prima raggruppiamo i due corpi assemblati e otteniamo così l'involucro desiderato.

4.2 Il quadrante e le lancette della sveglia

Successivamente, rivolgiamo la nostra attenzione al quadrante dell'orologio. Abbiamo già fatto le basi per questo lavoro nel capitolo precedente, duplicando un oggetto e spostandolo di lato. Per prima cosa impostiamo questo oggetto sulla selezione "Solid", poi cambiamo il colore in bianco e riduciamo l'altezza a 3 mm. Questo oggetto rappresenta lo sfondo del quadrante dell'orologio.

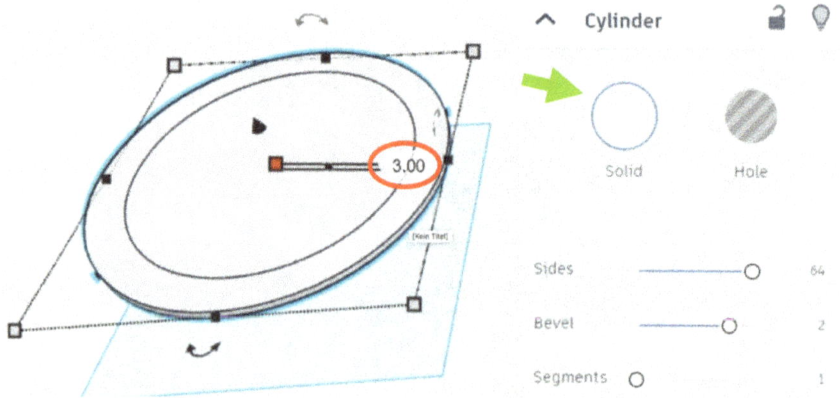

Con il comando Allinea (tasto "L") centriamo il quadrante dell'orologio e la cassa.

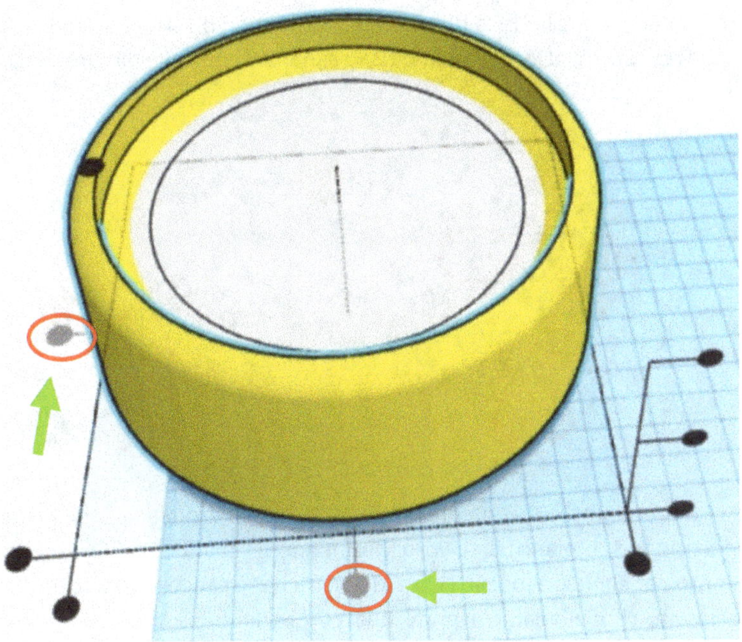

Poi spostiamo il quadrante dell'orologio a una distanza di circa 51 mm dal piano di lavoro.

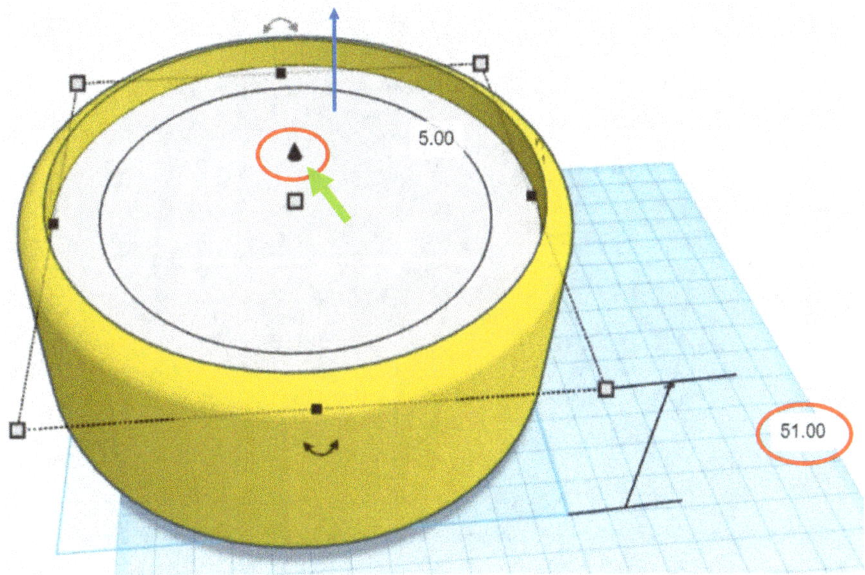

Creiamo quindi gli altri elementi del quadrante dell'orologio. Utilizziamo ancora una volta una forma cilindrica di base ①, aumentiamo i suoi parametri ("Sides", "Bevel", "Segments") al loro massimo ② e cambiamo tutte le dimensioni a 14 mm da ③.

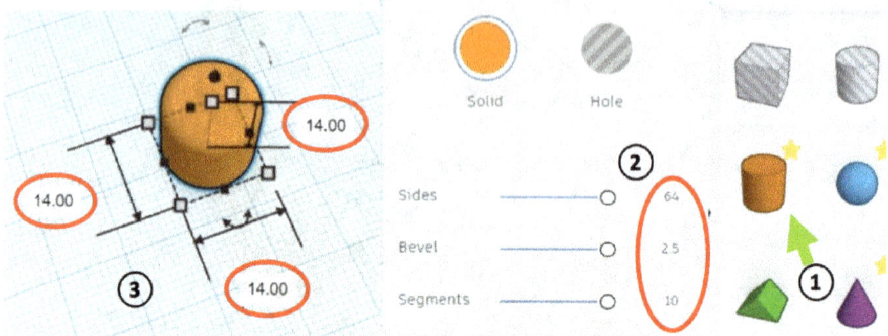

Quindi duplichiamo il quadrante bianco dell'orologio, spostiamolo e posizioniamolo sul piano di lavoro premendo il tasto "D". Ci servirà come riferimento per allineare meglio i corpi dei numeri. Lo cancelleremo di nuovo dopo l'allineamento. Posizioniamo i primi due corpi cilindrici utilizzando il comando Allinea (tasto "L") e spostandoli con il mouse. Come puoi immaginare, ho semplicemente duplicato il primo corpo cilindrico ("STRG+D").

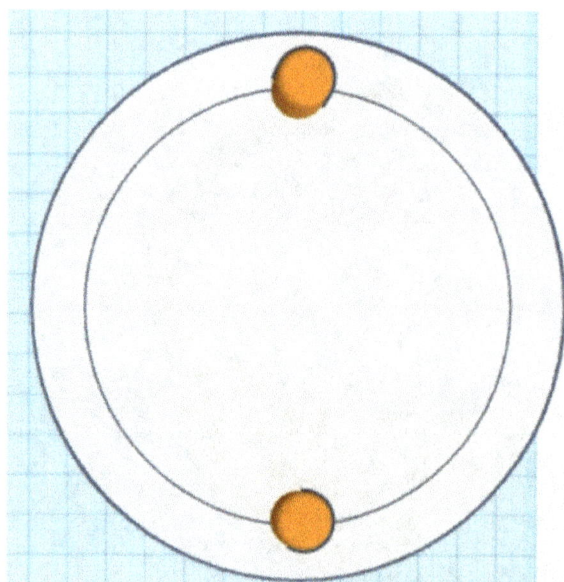

Poi raggruppiamo questi due corpi cilindrici con il comando "Group" ("STRG+G") in modo da poter creare un modello in seguito. Ho anche cambiato il colore in rosso.

Se ora duplichiamo i corpi raggruppati con "STRG+D" e poi li ruotiamo di 30° con il mouse, otteniamo la prima parte del modello.

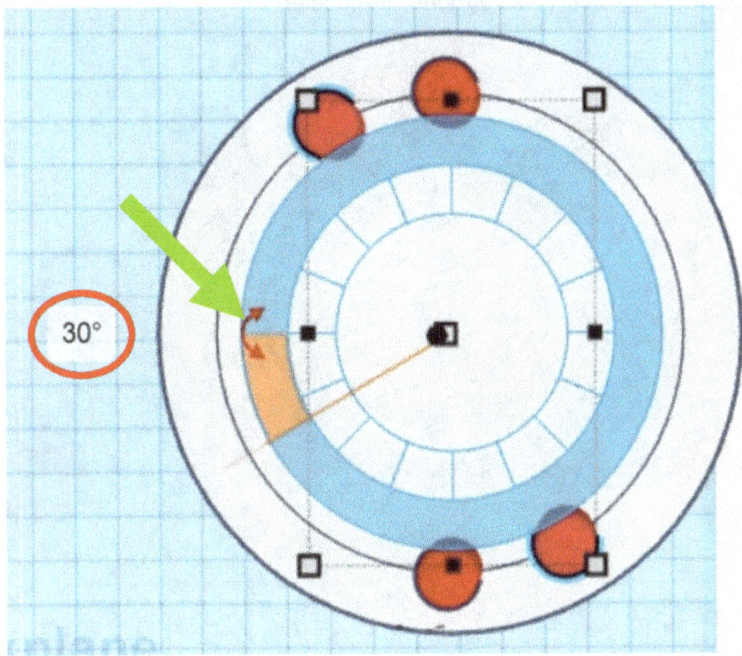

Ripetiamo l'operazione per altre quattro volte e otteniamo un totale di dodici corpi cilindrici.

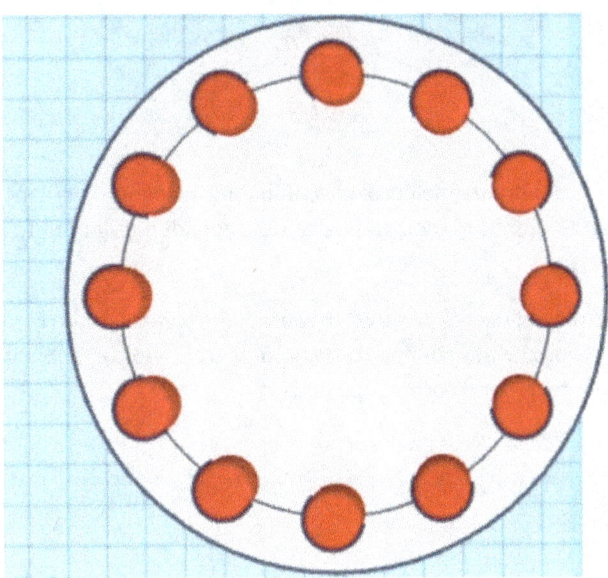

Poi cambiamo il colore di alcuni quadranti dell'orologio ed eliminiamo il quadrante duplicato che, come ho detto, serviva solo come riferimento. Infine, dobbiamo raggruppare gli oggetti (attiva l'opzione "Multicolor").

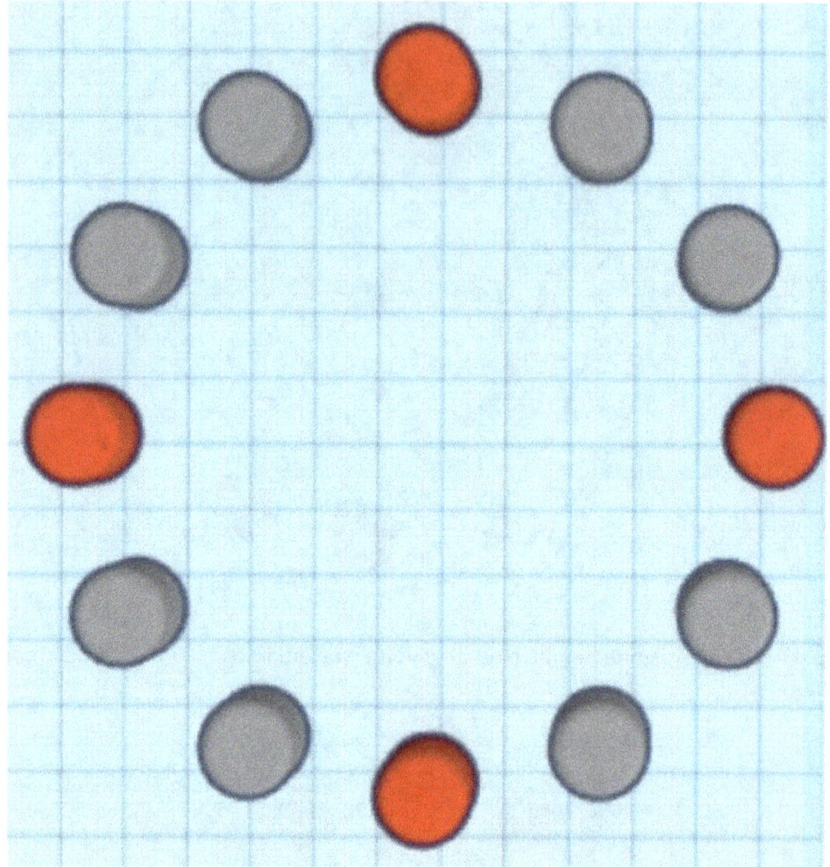

Per completare il quadrante dell'orologio, abbiamo bisogno della lancetta delle ore, della lancetta dei minuti, della lancetta dei secondi e di un punto di attacco per queste lancette.

Utilizzando il termine di ricerca "Arrow" troviamo due diverse punte di freccia, una delle quali viene posizionata sul nostro piano di lavoro. Inoltre, abbiamo bisogno di un oggetto cilindrico per il corpo delle lancette.

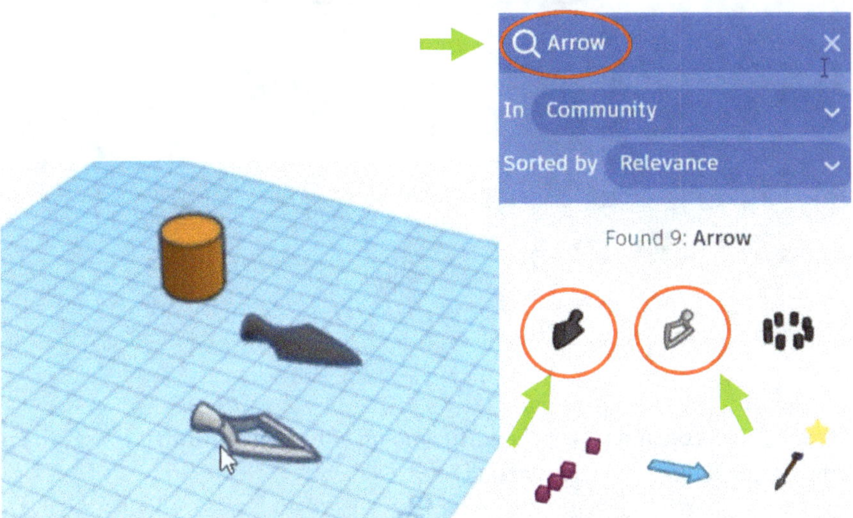

Modifichiamo le dimensioni del corpo cilindrico a 7 mm ciascuna per la lunghezza e la larghezza, lasciando l'altezza al valore preimpostato per il momento. Poi impostiamo il parametro "Sides" sul valore 64 e duplichiamo e ruotiamo il corpo cilindrico in modo da ottenere il seguente risultato.

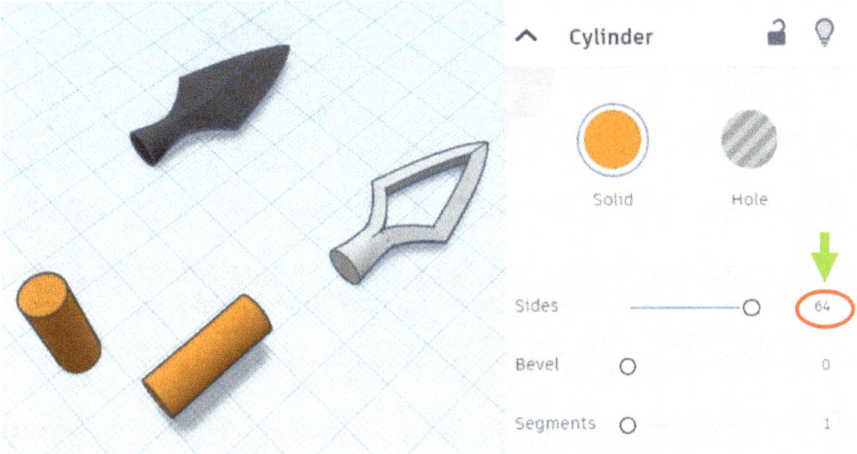

Ora possiamo utilizzare il comando "Workplane tool" per posizionare il corpo cilindrico sulla punta del puntatore. Puoi premere il tasto "W" come comando breve, quindi selezionare il piano ① della punta del puntatore, poi selezionare il corpo cilindrico ② e infine premere il tasto "D" per posizionarlo.

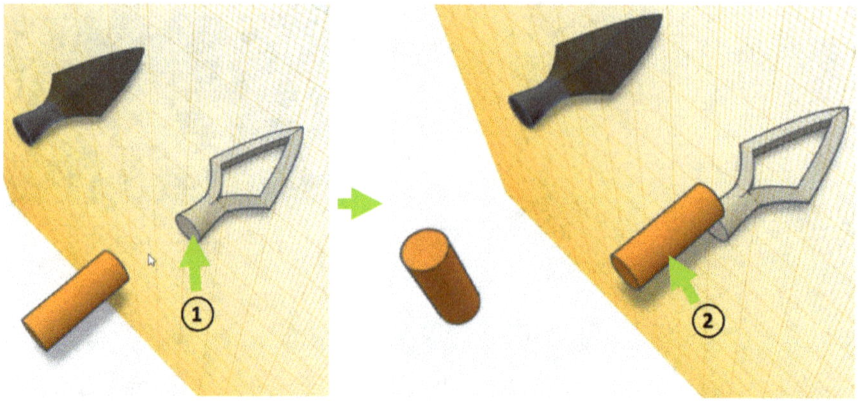

Con l'aiuto del comando "Align" effettuiamo un altro allineamento (① e ②). Poi cambiamo la lunghezza in 26 mm da ③.

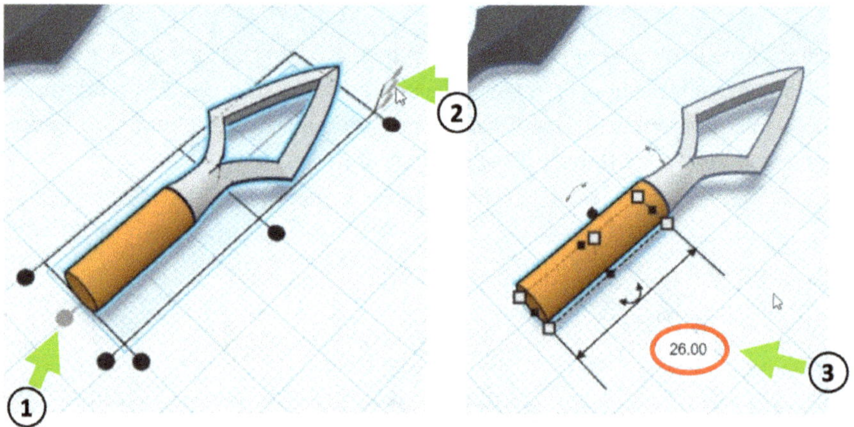

Ora dobbiamo fare lo stesso con l'altra punta del puntatore e l'altro corpo cilindrico. Poi coloriamo i due corpi cilindrici rispettivamente di bianco e di grigio, in modo da ottenere due puntatori monocolore.

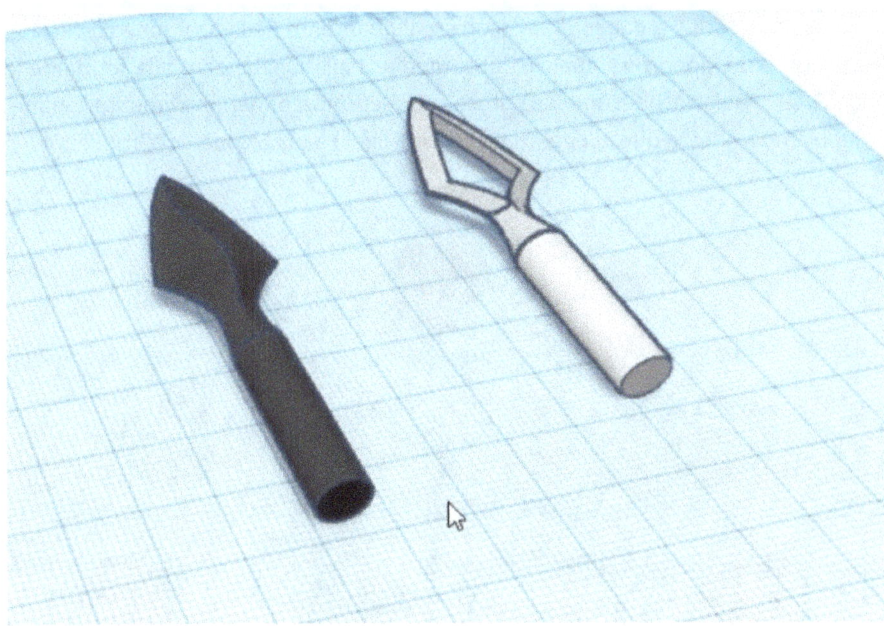

Nella fase successiva, ci occupiamo del punto di attacco delle mani, o più precisamente, del fulcro del movimento. Anche in questo caso, utilizziamo un corpo cilindrico le cui dimensioni (lunghezza, larghezza e altezza) vengono modificate in 10 mm ciascuna. Poi usiamo i comandi "Duplicate and repeat" e "Mirror", "Group" e "Align" per posizionare le mani sul fulcro del movimento come mostrato. Puoi anche giocare con la lunghezza e la dimensione delle mani trascinandole con il mouse. Alla fine, il risultato deve piacere solo a te!

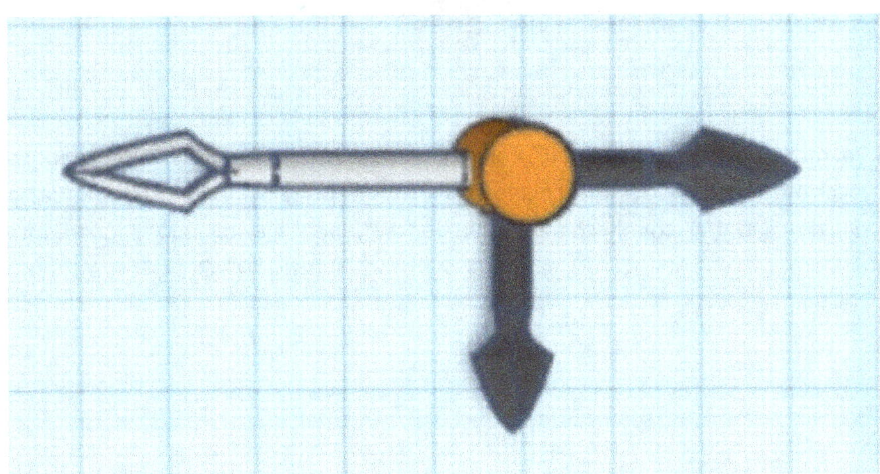

Il passo successivo è quello di far scorrere il quadrante nella posizione corretta e, se necessario, apportare qualche altra modifica alla lunghezza o alla forma delle lancette. Puoi anche cambiare il colore del mozzo del movimento. Infine, dobbiamo allineare questi oggetti tra loro ("Align") e raggrupparli ("Group").

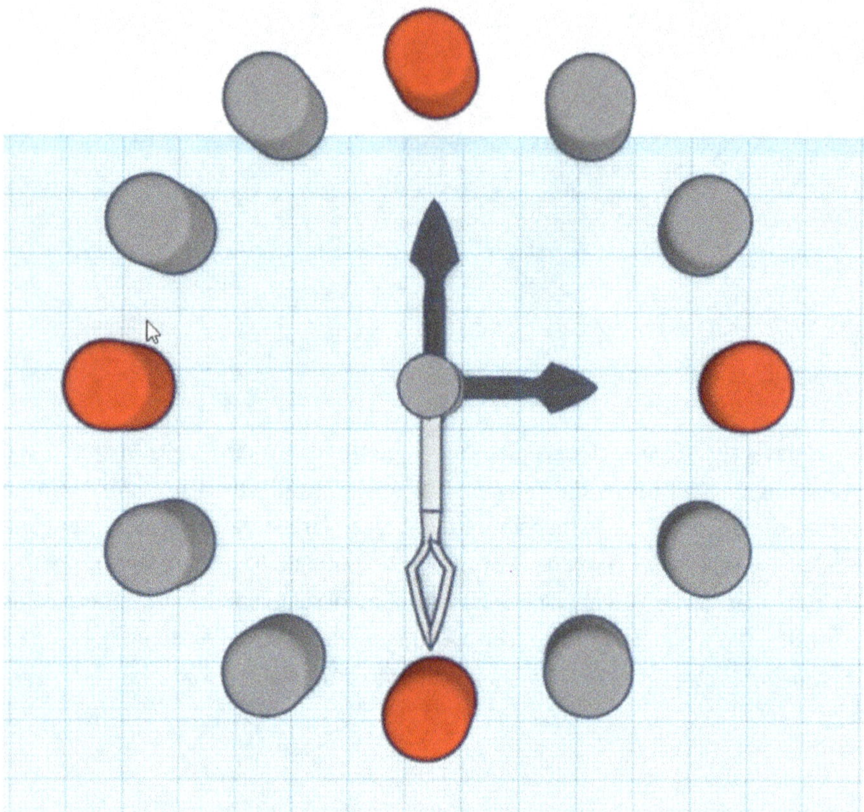

Poi montiamo il quadrante dell'orologio e le lancette nella cassa dell'orologio. Lo facciamo impostando prima il piano di lavoro sulla parte bianca interna della cassa dell'orologio ① con il comando breve "W", poi selezionando il quadrante dell'orologio e le lancette ② e quindi premendo il tasto "D". Ora gli oggetti sono sul piano corretto.

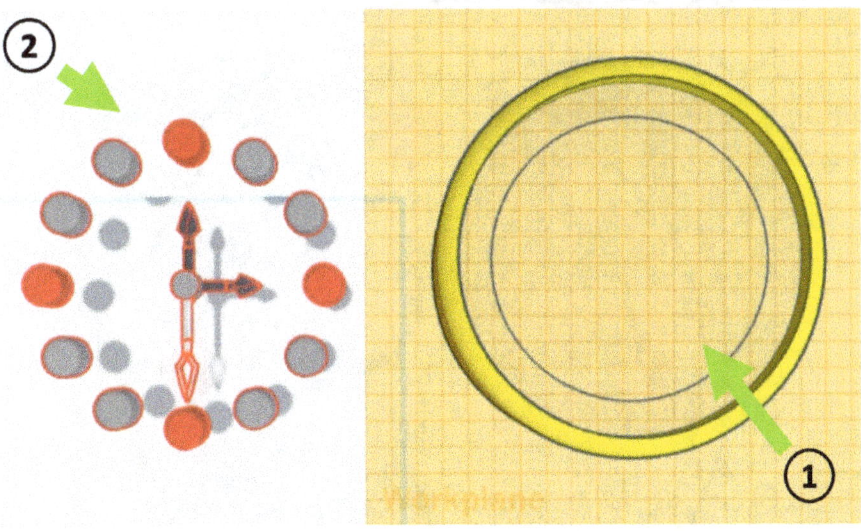

Prima di utilizzare il comando "Align" per un ulteriore allineamento come di consueto, duplichiamo lo sfondo bianco del quadrante dell'orologio ① e spostiamo il duplicato ② verso l'alto. Ci servirà in seguito come pannello frontale.

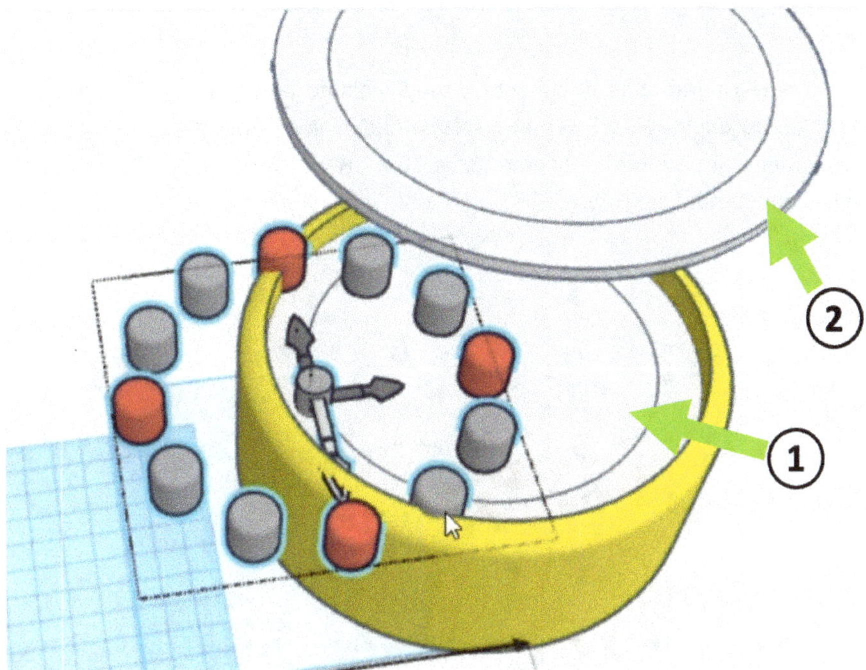

Dopo l'allineamento, la nostra sveglia retrò dovrebbe avere questo aspetto:

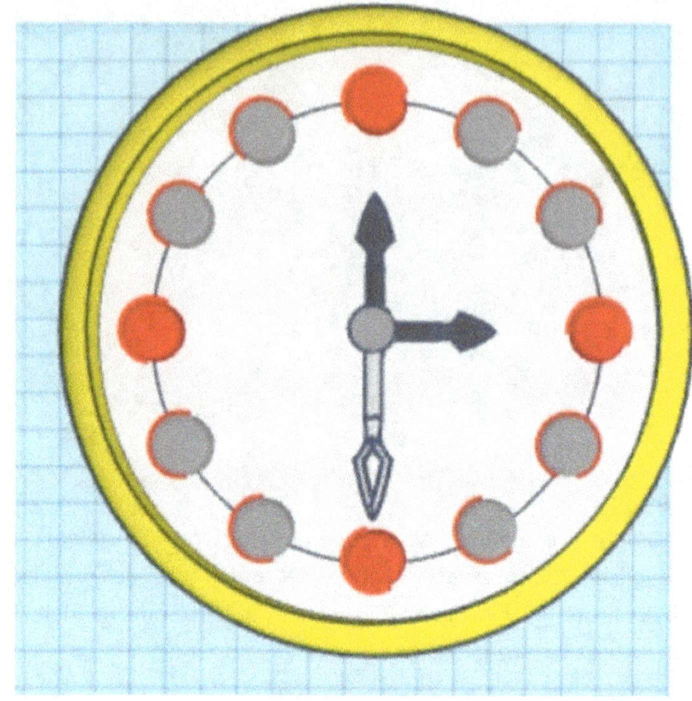

Per creare il parabrezza di cui sopra, modifichiamo la lunghezza e la larghezza dell'oggetto duplicato a 140 mm ciascuna. Riduciamo l'altezza a 1 mm. Inoltre, aumentiamo il parametro "Segments" a 10 e attiviamo l'opzione "Transparent" nelle impostazioni del colore.

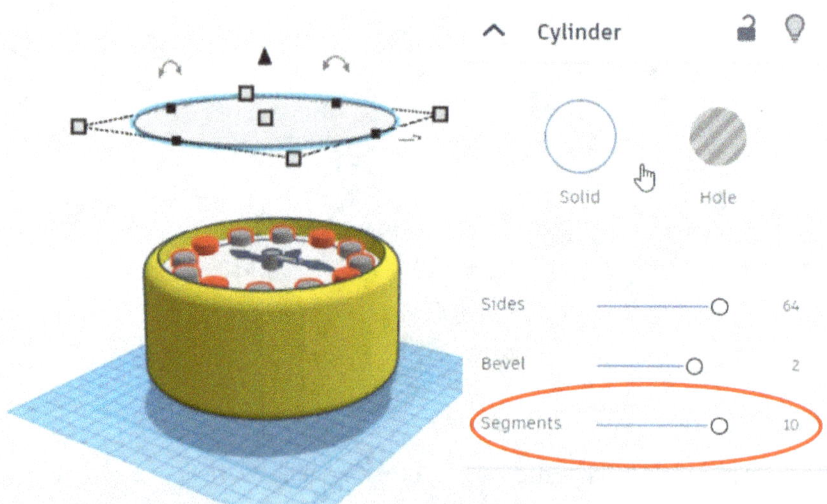

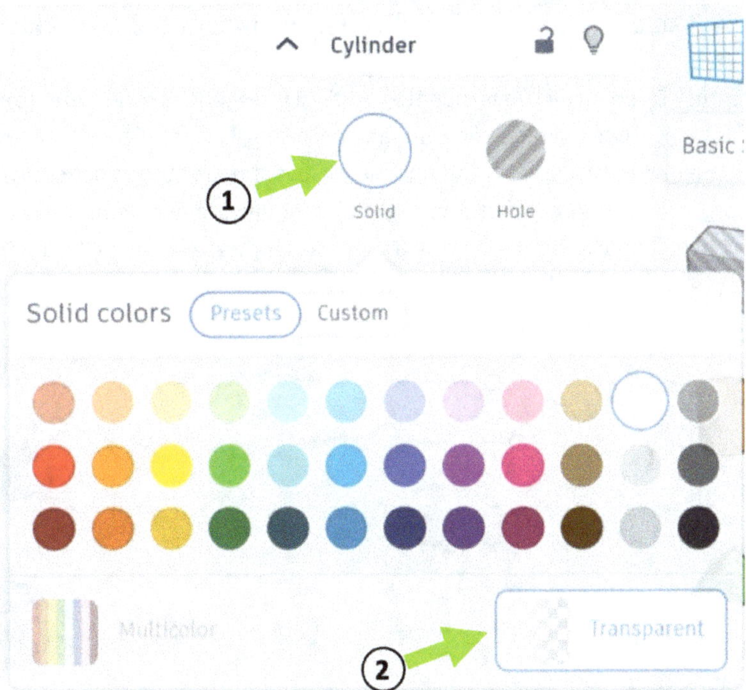

Poi centriamo il disco con il comando "Align" e lo spostiamo un po' in basso fino alla posizione corretta.

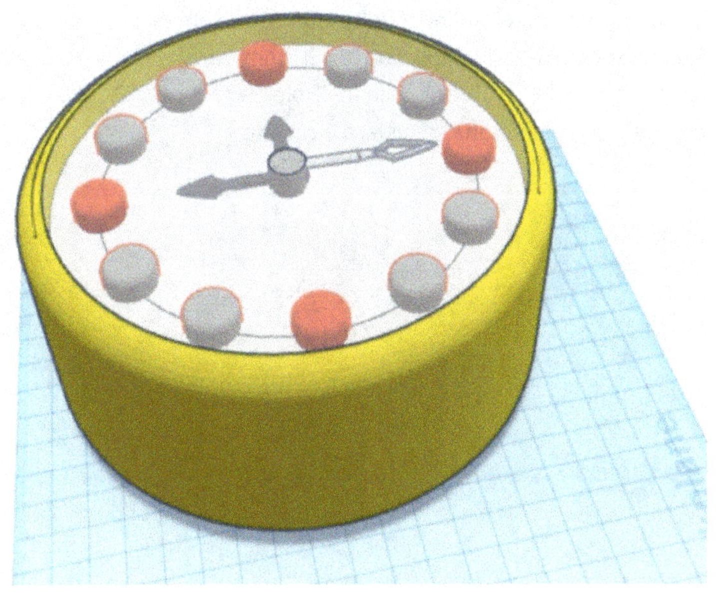

4.3 Le campane, il martello e l'interruttore della sveglia

Eccellente! Dopo aver raggruppato tutti gli oggetti precedenti (opzione: "Multicolor"), ci occupiamo delle campane della sveglia retrò. Come corpo di base utilizziamo una semisfera ①, che possiamo trovare nella libreria delle forme. Poi puoi scegliere un colore (ad esempio grigio) e modificare le dimensioni. Abbiamo bisogno di 68 mm ciascuno per la lunghezza e la larghezza (② e ③) e 17 mm per l'altezza ④ della semisfera.

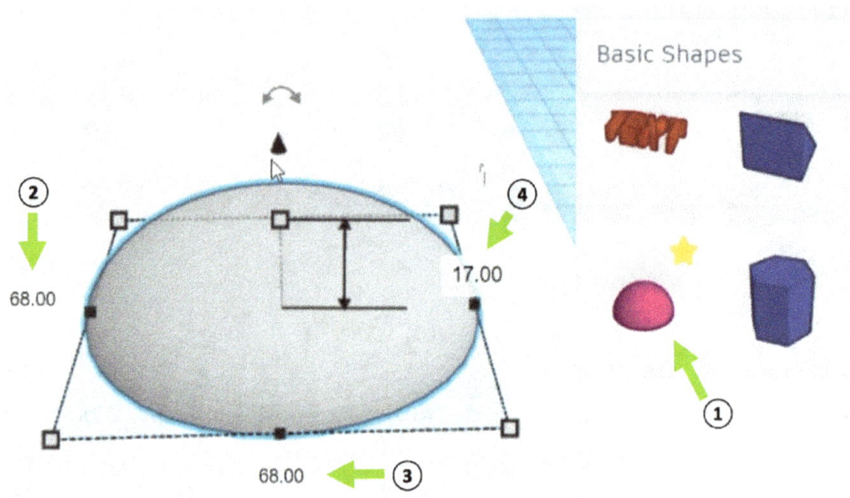

Per scavare l'emisfero solido, utilizziamo un semplice trucco. Duplichiamo l'emisfero, spostiamo il duplicato di 3 mm verso l'alto ② e cambiamo l'impostazione dell'oggetto originale in "Hole" (③ e ④). Quindi raggruppiamo i due oggetti e otteniamo una semisfera incavata.

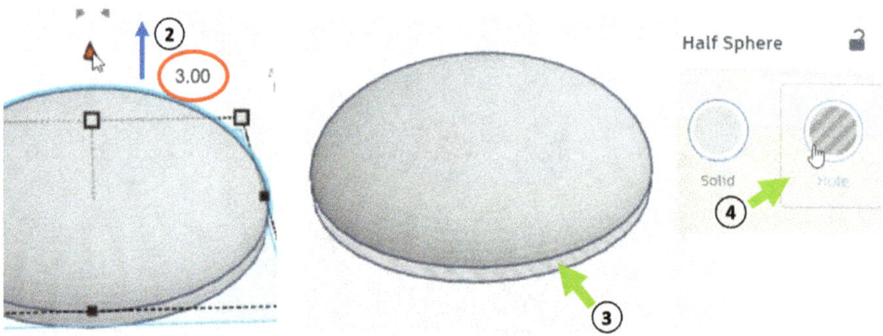

Per poter montare questa campana sulla sveglia retrò, abbiamo bisogno di una sospensione nella fase successiva, che creeremo a partire da un corpo cilindrico ① e un paraboloide ②.

Le dimensioni del corpo cilindrico sono 5 mm di lunghezza e larghezza e 70 mm di altezza. Lasciamo l'altezza del paraboloide a 20 mm, ma cambiamo la lunghezza e la larghezza in 5 mm.

Per posizionare le due parti una sopra l'altra, utilizziamo il comando "Workplane tool" e i comandi "Align" e "Group". Probabilmente sei già in grado di farlo da solo. La sospensione dovrebbe avere questo aspetto.

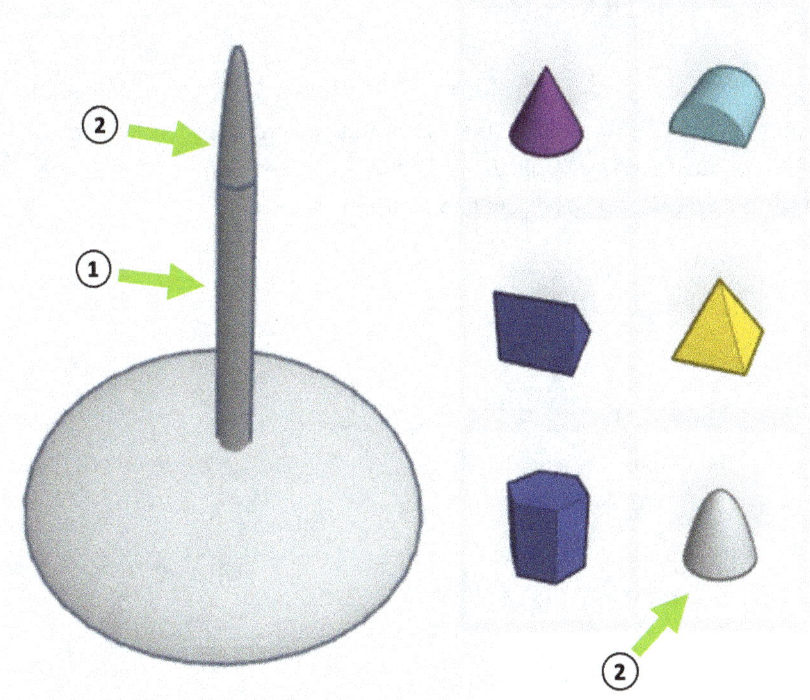

Ora dobbiamo spingere la campana un po' più in alto; puoi determinare la posizione semplicemente a occhio.

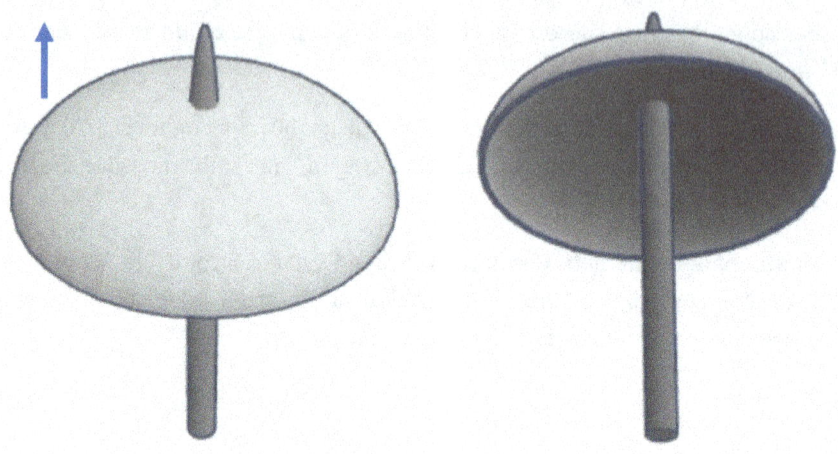

Poi ruotiamo (22,5°) e duplichiamo la campana con la sospensione, dato che ne servono due in totale. Utilizziamo anche il comando "Mirror" in modo che gli oggetti duplicati siano posizionati in direzioni opposte.

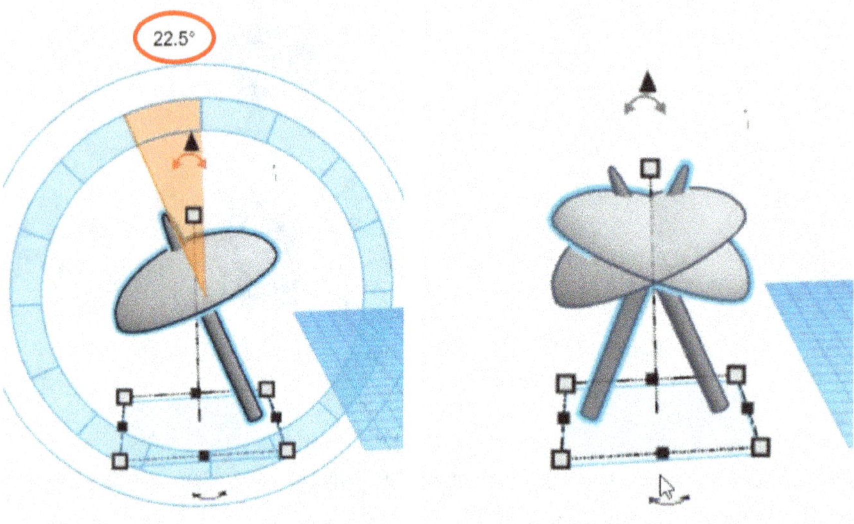

Poi dobbiamo spostare gli oggetti duplicati un po' più a lato. Dobbiamo anche ruotare la sveglia in modo che stia in piedi. Poi possiamo spostare le due campane in cima alla sveglia e posizionarle centralmente l'una rispetto all'altra con il comando "Align".

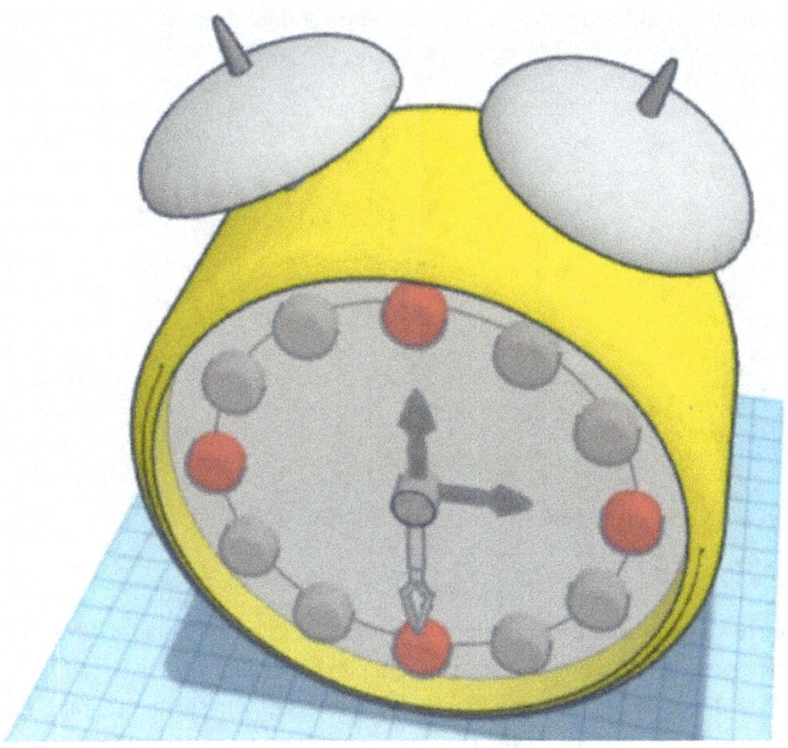

Ora creeremo il martello della sveglia. Lo assembleremo a partire da due corpi cilindrici. Uno di essi deve essere largo e lungo 5 mm e alto 60 mm ①, l'altro largo e lungo 15 mm e alto 20 mm ②. Ruotiamo il corpo più spesso di 90 gradi e posizioniamolo sul corpo lungo e stretto. Cambiamo anche i colori.

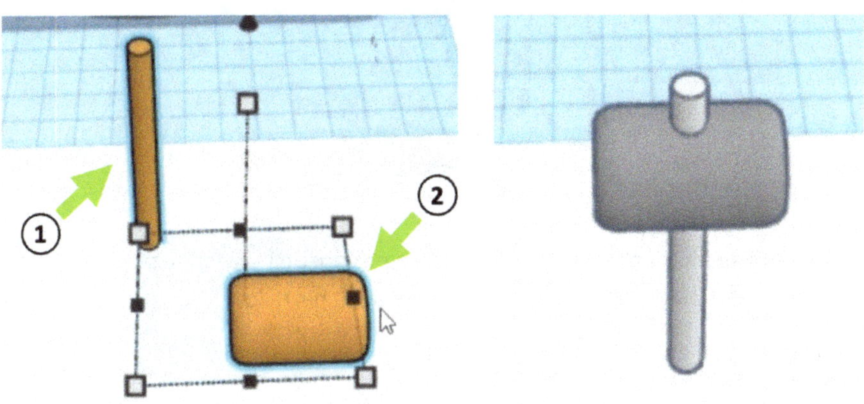

Puoi quindi raggruppare il martello (attiva l'opzione: "Multicolor" nelle impostazioni dei colori) e posizionarlo tra le campane della sveglia.

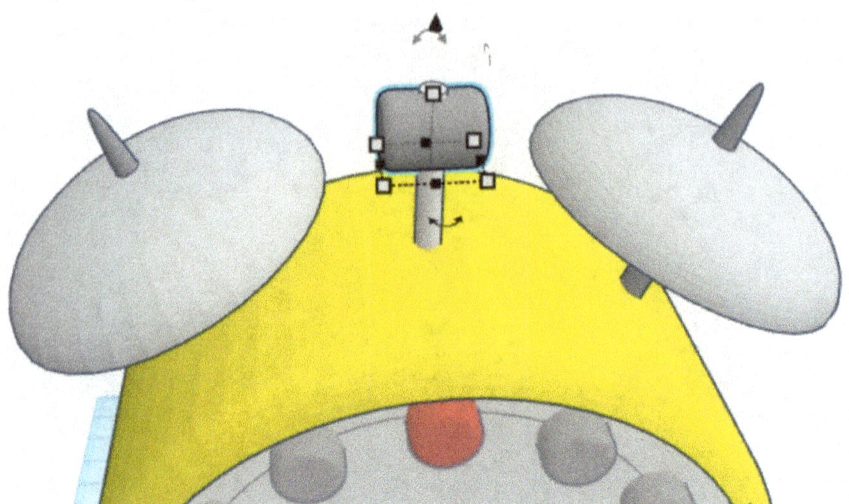

Per l'interruttore di accensione e spegnimento della sveglia creiamo altre due forme cilindriche, che devono avere una lunghezza e una larghezza di circa 12 mm e un'altezza di circa 20 mm. Ruotiamo nuovamente una di esse di 90 gradi. Poi posizioniamo i due corpi in modo che formino una croce. Cambiamo anche il colore, ad esempio in bianco, e raggruppiamo i due corpi.

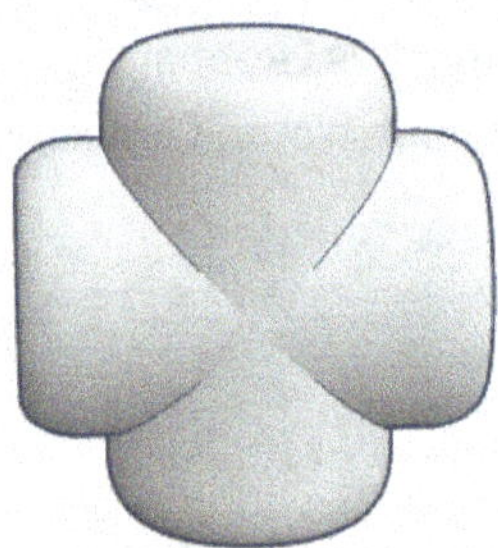

Quindi spostiamo l'interruttore sulla parte superiore della sveglia e posizioniamolo nell'area anteriore, all'incirca al centro, davanti al martello.

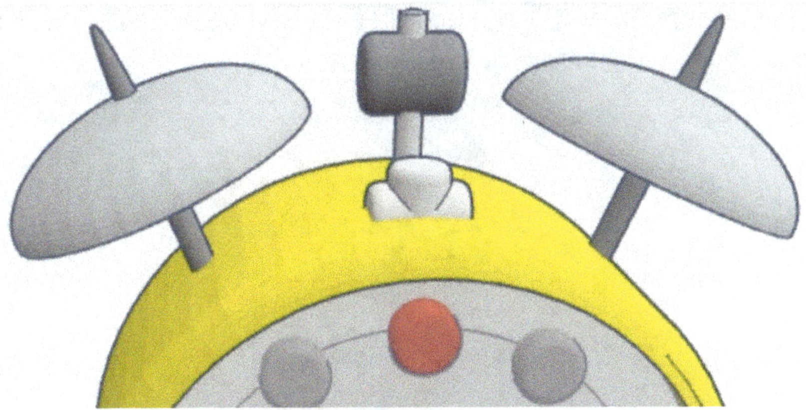

4.4 I piedini e il retro della sveglia

Ora abbiamo quasi finito con questo progetto. Dobbiamo solo creare una copertura per il retro della sveglia e due piedini. Per il retro della sveglia duplichiamo la cassa gialla e spostiamola un po' sul retro. Se hai già raggruppato le parti, devi disgiungerle.

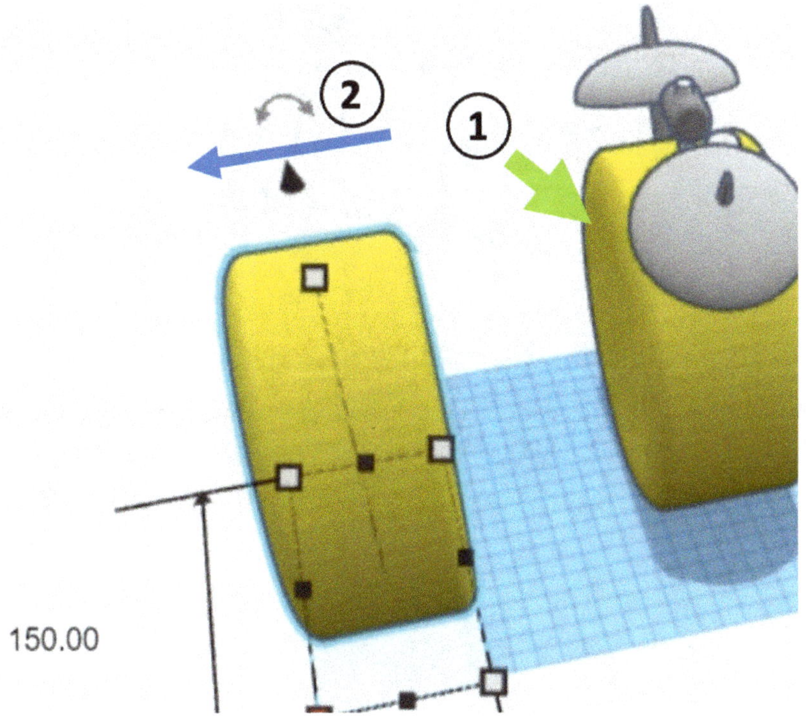

Poi cambiamo le dimensioni. Lo spessore del pezzo deve essere di soli 10 mm, le altre due dimensioni di 140 mm ciascuna.

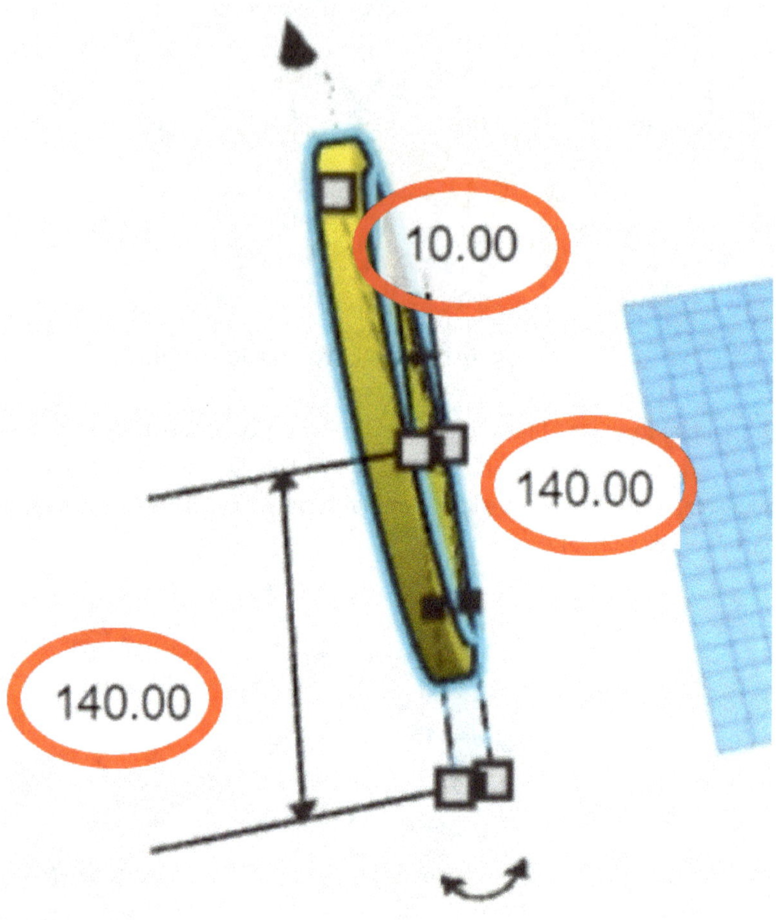

Poi scegliamo un colore adatto, ad esempio nero, e posizioniamo il coperchio sul retro della sveglia utilizzando il comando "Align" e facendo degli spostamenti con il mouse e la tastiera.

Poi creiamo i piedi della sveglia. Li assembliamo partendo da due corpi. Abbiamo bisogno di un corpo cilindrico ① con una lunghezza e una larghezza di 15 mm e un'altezza di circa 23 mm e di un paraboloide ② con una lunghezza e una larghezza di 15 mm e un'altezza di 7 mm. Mettiamo insieme i due corpi come mostrato.

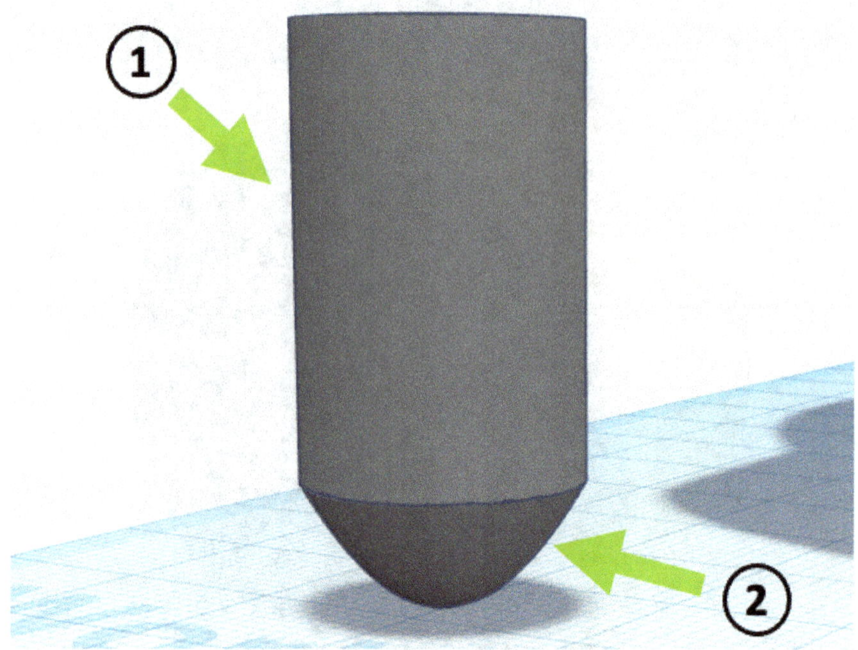

Poi si effettuano due rotazioni. Prima ruotiamo i corpi raggruppati di -22,5 gradi all'indietro e poi di 22,5 gradi a destra.

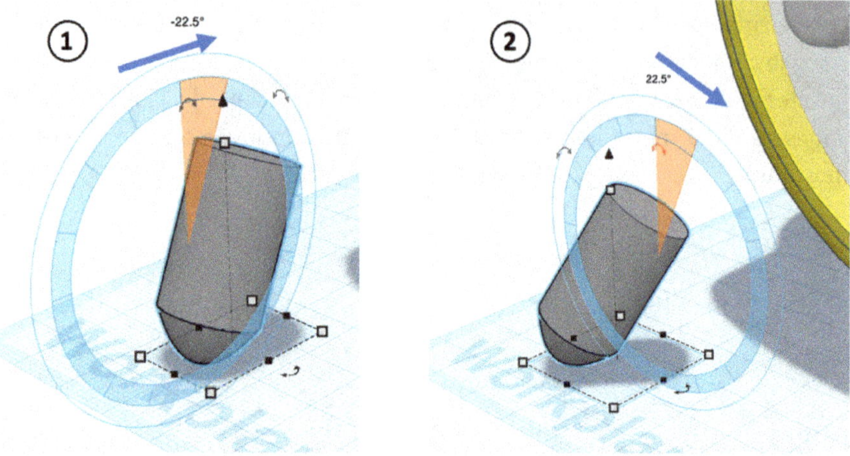

Nei passi successivi, utilizziamo i due comandi "Duplicate and repeat" e "Mirror" per creare il secondo piede, che deve essere rivolto nella direzione opposta.

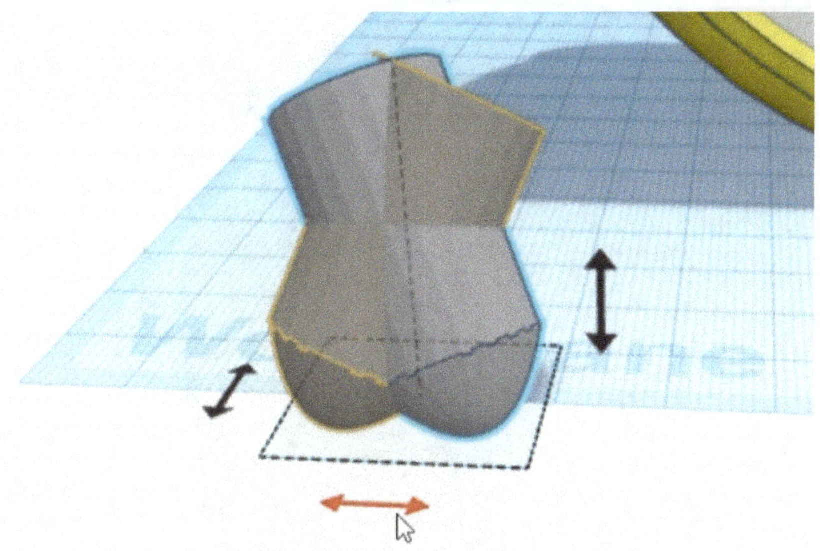

Spingiamo i due piedini un po' distanziati e posizioniamoli prima nell'area anteriore della sveglia.

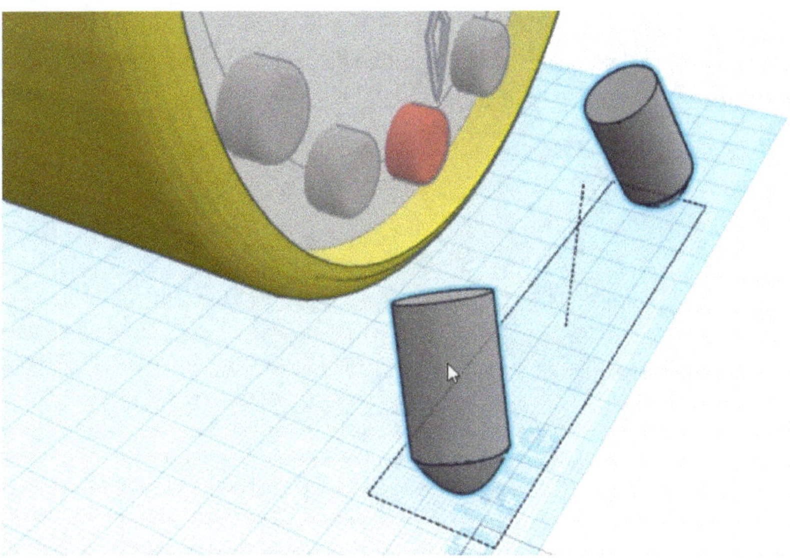

Prima di posizionare i piedi sotto la sveglia, segniamo tutti gli oggetti della sveglia (tranne i piedi) e giriamo l'intera sveglia all'indietro di circa 12 gradi.

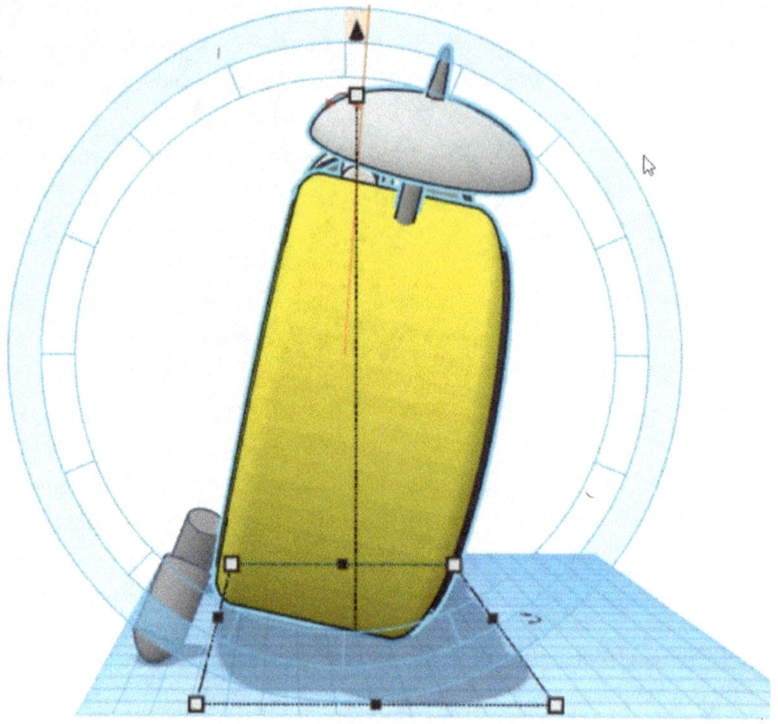

Poi possiamo spostare i piedi all'indietro in modo da posizionarli nell'area anteriore sotto la sveglia.

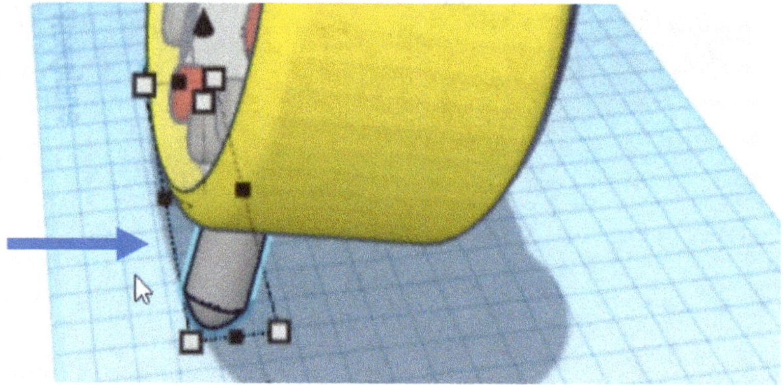

Eccellentemente fatto! Abbiamo concluso con successo il capitolo. Come avrai notato, in questo esempio i passaggi non sono stati così dettagliati come nei progetti precedenti. Questo ti aiuta ad avere più fiducia nelle tue capacità e ad applicare in modo più indipendente ciò che hai imparato finora.

Tuttavia, va benissimo anche se hai ancora difficoltà a creare il modello. In questo caso, è meglio rileggere il capitolo o addirittura l'intero libro una seconda volta dall'inizio. Se non hai avuto problemi, ora puoi guardare al prossimo progetto!

Capitolo 5 | Modello 3D Progetto 4: Cerchio

Il progetto di questo capitolo sarà un po' più breve rispetto ai due precedenti. Tuttavia, questo non lo rende necessariamente meno complesso. In questo progetto vogliamo creare un modello 3D di un cerchione per auto. Puoi trovare il modello finito al seguente link:

https://tinyurl.com/bdhan49h

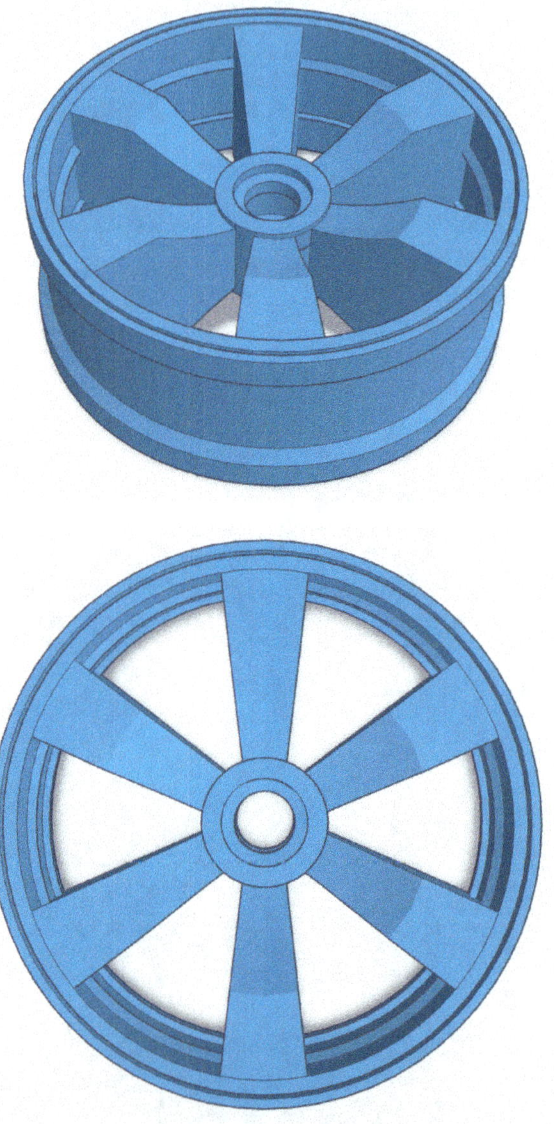

Per il cerchio, inizieremo prima con la costruzione del corpo di base. Poi creeremo l'interno del cerchio.

5.1 Il corpo base del cerchio

Per il corpo di base abbiamo bisogno di una forma conica, le cui dimensioni vanno modificate come segue. Le dimensioni della base devono essere di 82 mm e l'altezza di 4 mm. Modifichiamo anche l'impostazione "Top Radius" a 9 mm e l'impostazione "Sides" a 64 mm.

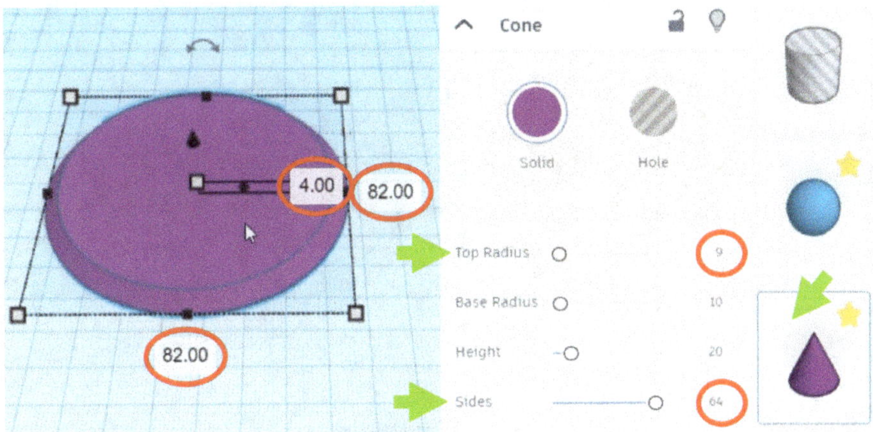

Duplichiamo questo oggetto e cambiamo l'impostazione in "Hole". Cambiamo anche le dimensioni della base del duplicato (lunghezza e larghezza) in 79,5 mm ciascuna. Non cambiamo l'altezza e le altre impostazioni. Poi spostiamo questi due corpi sul retro per il momento.

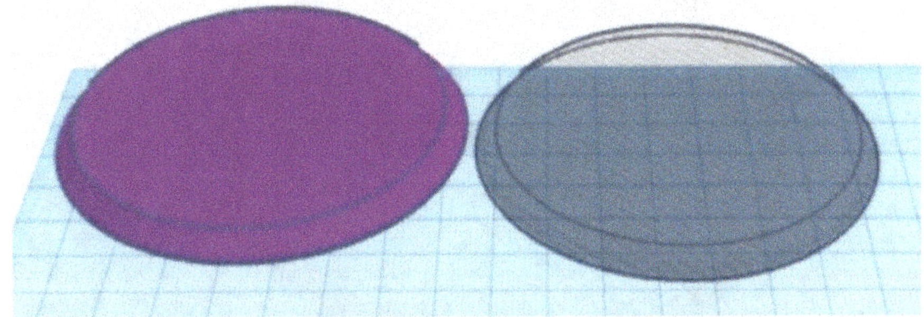

Per la seconda parte del corpo base abbiamo bisogno di un corpo cilindrico la cui lunghezza e larghezza siano impostate a 82 mm ciascuna e l'altezza a 5 mm. Il parametro "Sides" deve essere nuovamente impostato a 64 per questo corpo. Dopo aver duplicato anche questo corpo, aver cambiato le sue impostazioni con la selezione "Hole" e, come in precedenza, aver cambiato anche la lunghezza e la larghezza del duplicato a 79,5 mm ciascuna, centriamo e raggruppiamo i corpi che appartengono a questo insieme. In questo modo si creano due anelli.

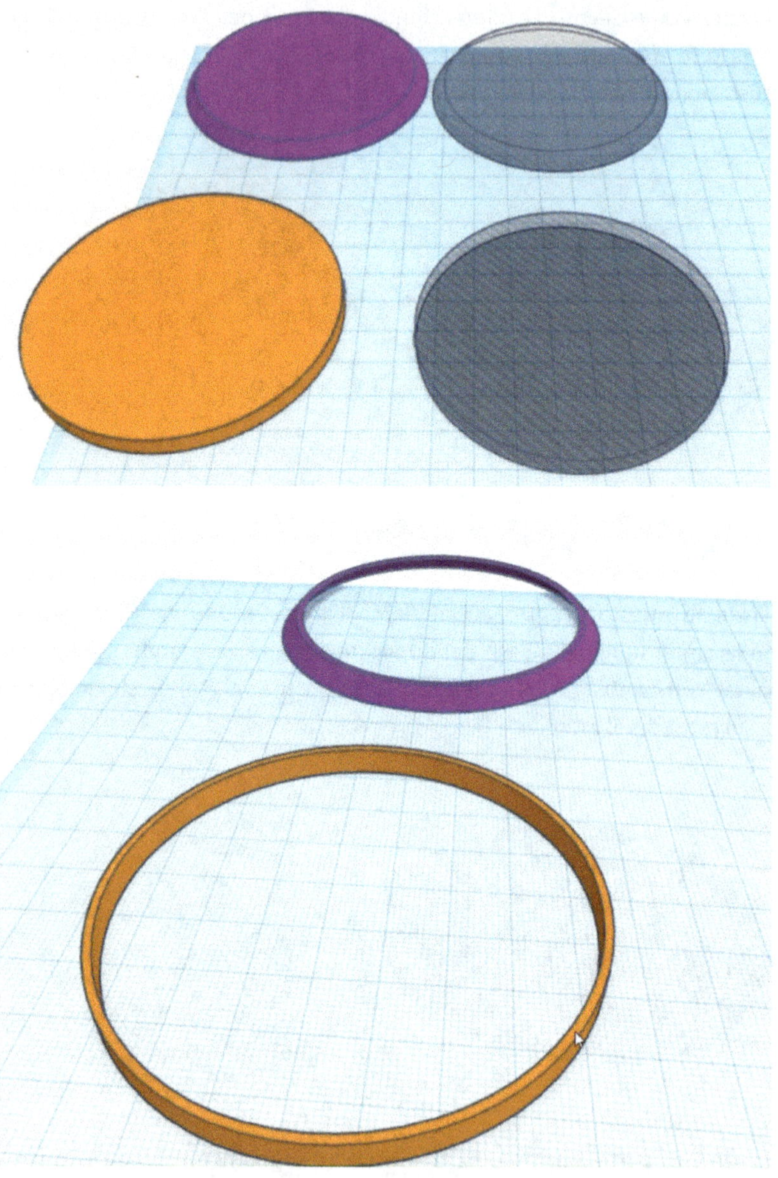

Da questi due anelli possiamo ora creare la prima parte del corpo esterno del cerchio. Per fare ciò, nel primo passo posizioniamo l'anello conico sull'anello cilindrico e nel secondo passo centriamo entrambi con l'aiuto del comando "Align". È inoltre consigliabile utilizzare il comando "Workplane Tool" per creare un piano di lavoro sulla superficie superiore dell'anello cilindrico e poi posizionare l'anello conico su questo piano utilizzando il pulsante "D".

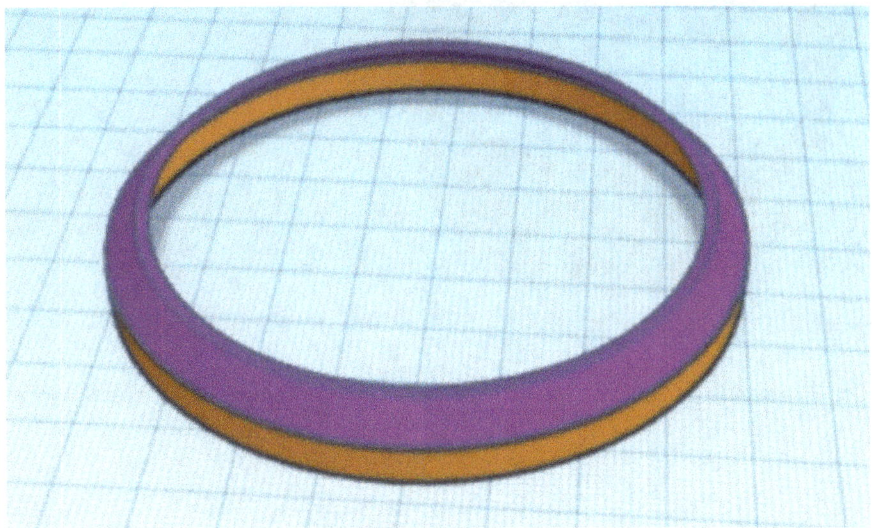

Per la parte centrale del cerchio utilizziamo poi un corpo tubolare "Tube", le cui dimensioni e impostazioni sono quelle indicate.

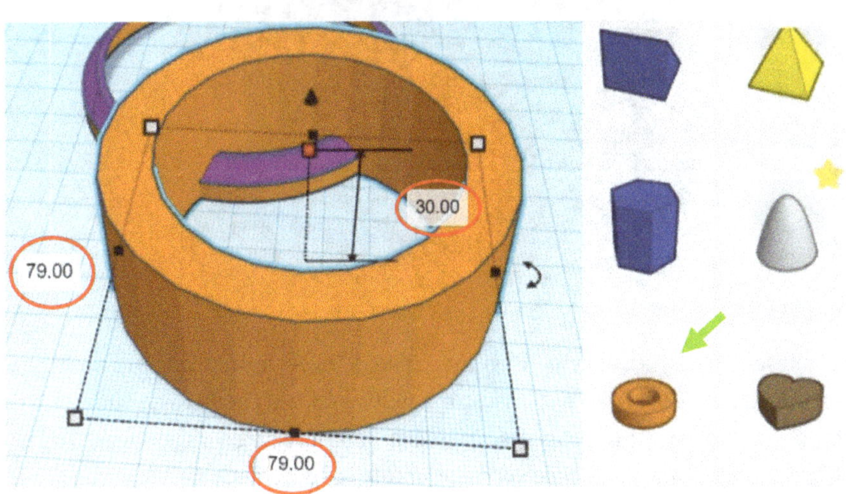

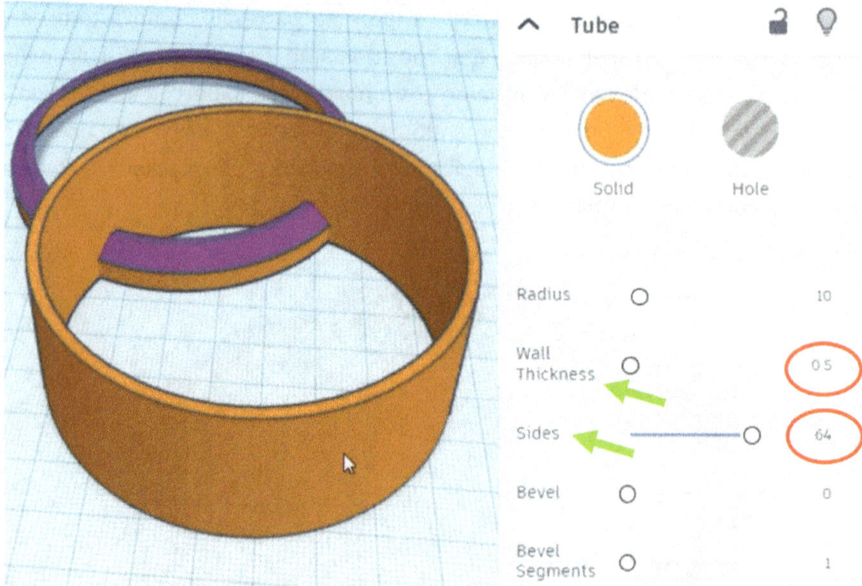

Con il comando "Align" possiamo allineare centralmente tutti i corpi creati finora.

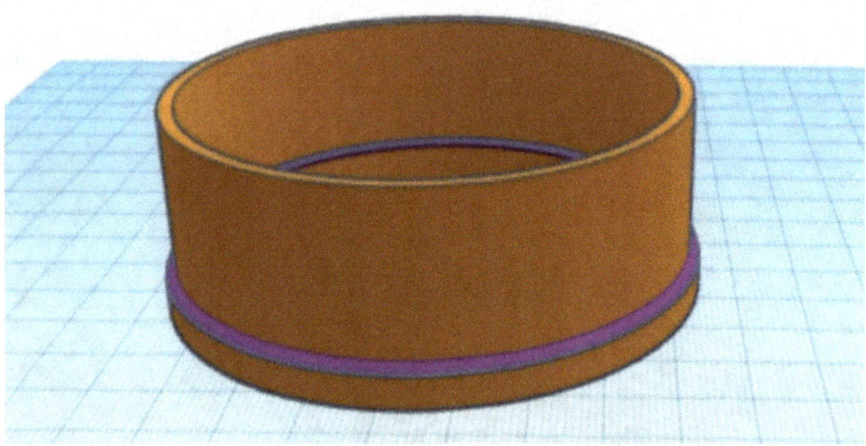

Nella fase successiva duplichiamo e specchiamo l'oggetto creato finora utilizzando le scorciatoie "STRG+D" e "M". Il nostro obiettivo è far sì che la parte superiore del corpo sia esattamente opposta a quella inferiore. Per raggiungere questo obiettivo, seleziona la freccia mostrata durante la specchiatura.

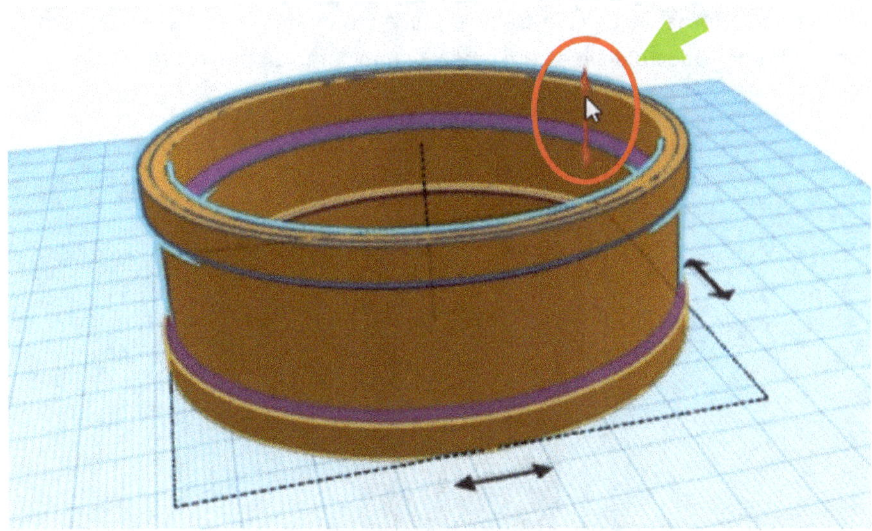

Dopodiché, possiamo cambiare il colore dell'oggetto creato finora come mostrato. E dato che anche a me capita di sbagliare, riduco le dimensioni di base del corpo centrale tubolare (bianco) di 1 mm per arrivare ai 78 mm effettivamente necessari.

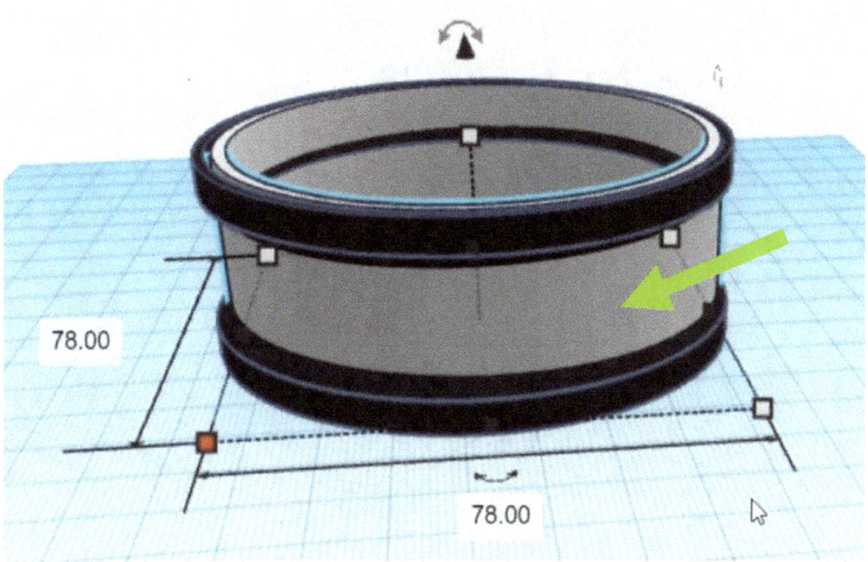

In seguito, potresti dover centrare nuovamente gli oggetti e spostarli di lato o sul retro per il momento.

5.2 La parte interna del cerchio e il suo assemblaggio

Per la parte interna del cerchio creiamo prima i montanti, la cui base è un corpo a forma di cubo. Questo deve essere lungo 32 mm, largo 14 mm e alto 15 mm.

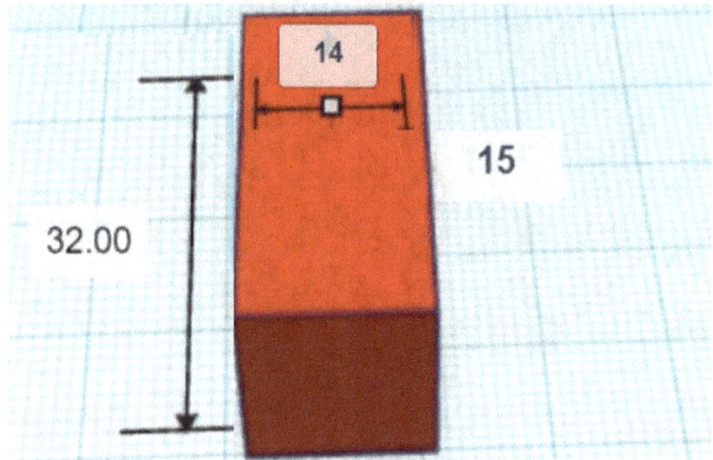

Poi tagliamo via due parti dei lati di questo corpo per modificarne la forma. Lo facciamo con un corpo a forma di cubo con l'impostazione "Hole", che prima trasciniamo a 60 mm di lunghezza e poi ruotiamo di -6 gradi.

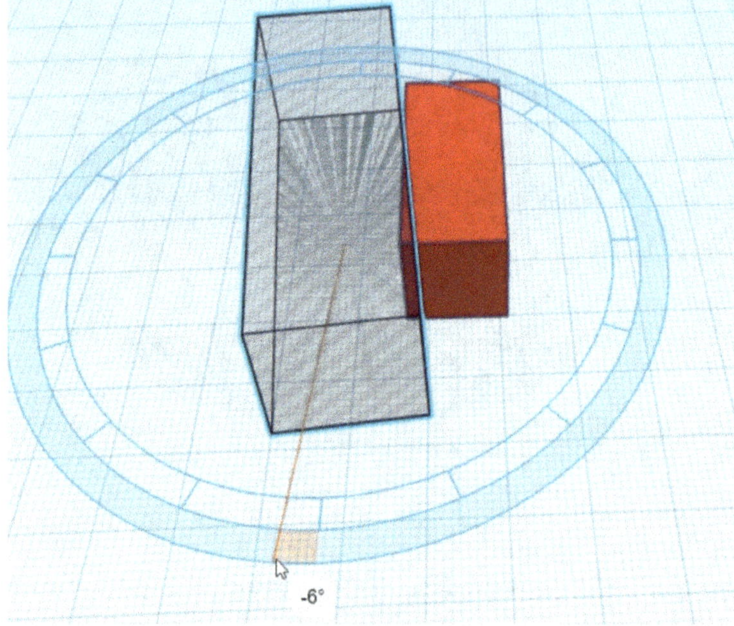

Poi duplichiamo e specchiamo il corpo in modo da poter cambiare anche la forma del lato opposto. La disposizione dei due corpi deve essere approssimativamente quella mostrata. Questo si ottiene con l'aiuto del comando "Align" e selezionando i due punti di allineamento centrali.

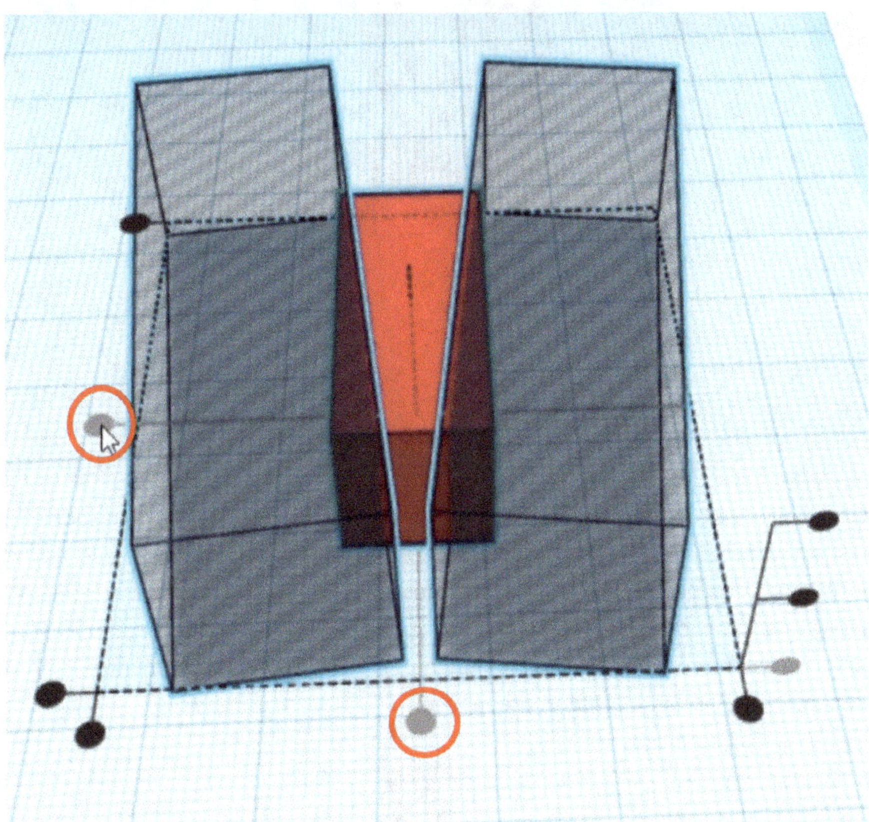

Poiché la distanza tra i corpi trasparenti non è evidente in questa disposizione e quindi per alcuni potrebbe essere un po' difficile da ricreare, ecco un link contenente il puntone finito:

https://tinyurl.com/bde7ppea

Se non sei riuscito a sistemare bene i puntoni, puoi ricontrollare dividendo il puntone con "Ungroup", oppure semplicemente copiare l'intero oggetto con "STRG+C" e incollarlo nel tuo progetto con "STRG+V".

Dopo il raggruppamento, il puntone avrà il seguente aspetto.

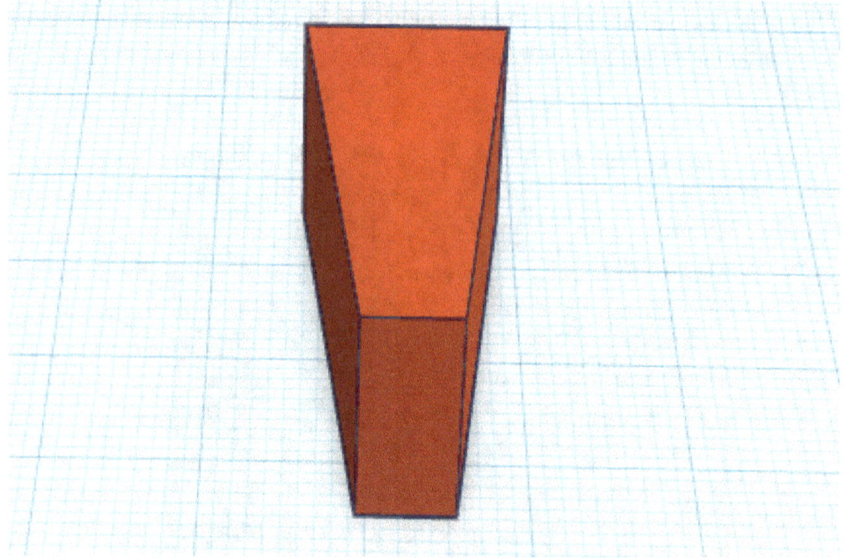

Ora abbiamo bisogno di un gran numero di puntoni di questo tipo, da disporre in cerchio intorno a un oggetto tubolare. Per questo motivo, nel passo successivo inseriamo il corpo tubolare "Tube" nel nostro piano di lavoro. Inoltre, abbiamo bisogno di un cubo (impostazione: "Hole"), che utilizziamo come segnaposto tra due puntoni opposti. Accorciamo la lunghezza del cubo a 14 mm, mentre le altre dimensioni le lasciamo ai valori preimpostati.

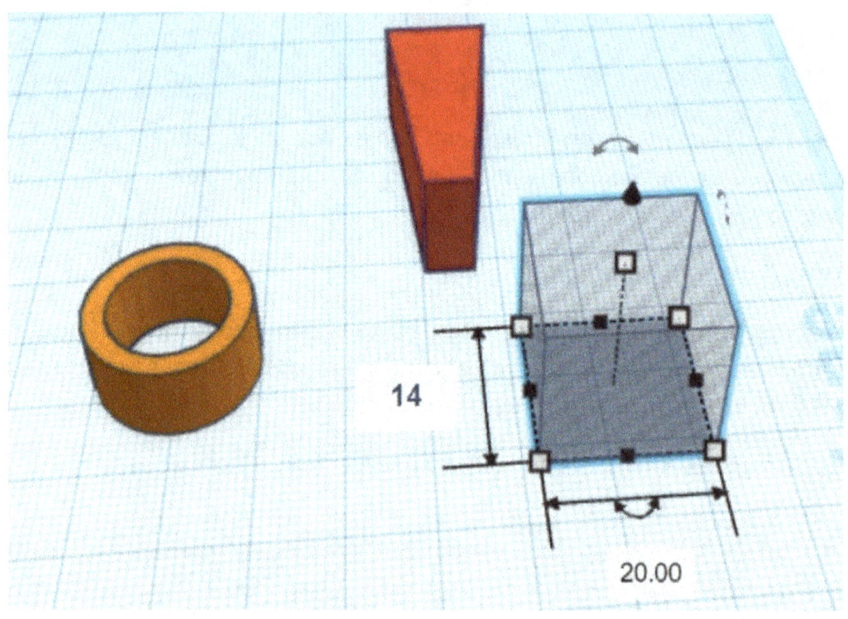

Il secondo puntone opposto, di cui ho parlato prima, si ottiene facilmente duplicandolo e specchiandolo. L'ulteriore disposizione avviene con il comando "Workplane Tool" e premendo il tasto "D". Naturalmente, puoi anche centrare il telaio con il comando "Align".

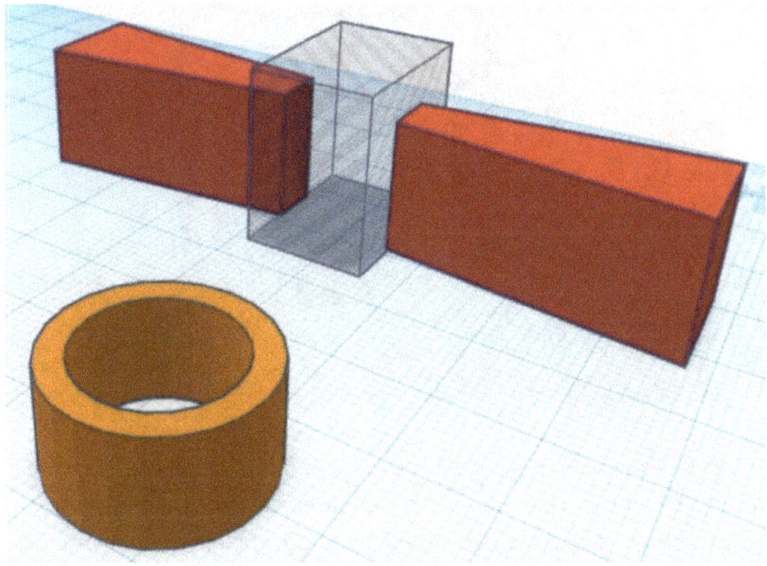

Poi possiamo eliminare il corpo a forma di cubo, che serviva solo come segnaposto. Ora apportiamo alcune modifiche al corpo tubolare. Cambiamo l'altezza a 7,5 mm, lo spessore della parete a 5 mm e il valore di "Sides" a 64.

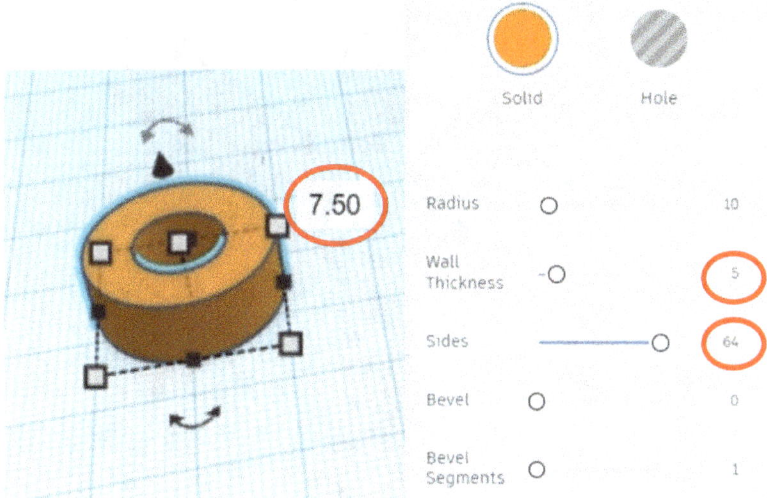

Poi raggruppiamo i due puntoni rossi, li duplichiamo e ruotiamo il duplicato di 60 gradi in senso antiorario.

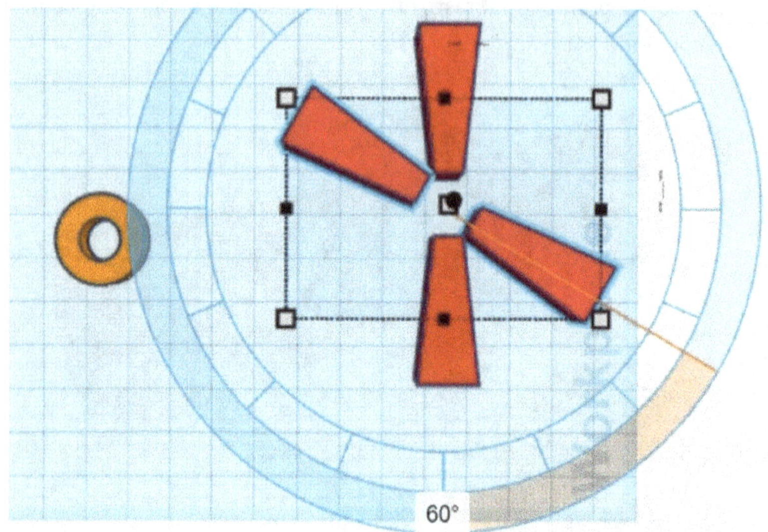

Quindi duplichiamo ancora una volta i puntoni ruotati. Anche questi vengono posizionati con una rotazione di 60 gradi, in modo da creare il seguente costrutto a forma di stella, che viene anche raggruppato ("STRG+G").

Duplichiamo quindi l'oggetto tubolare e posizioniamo il duplicato nell'area centrale ① del costrutto a stella. Questo può essere fatto con il comando breve "L" e selezionando i punti di allineamento centrali ②-④.

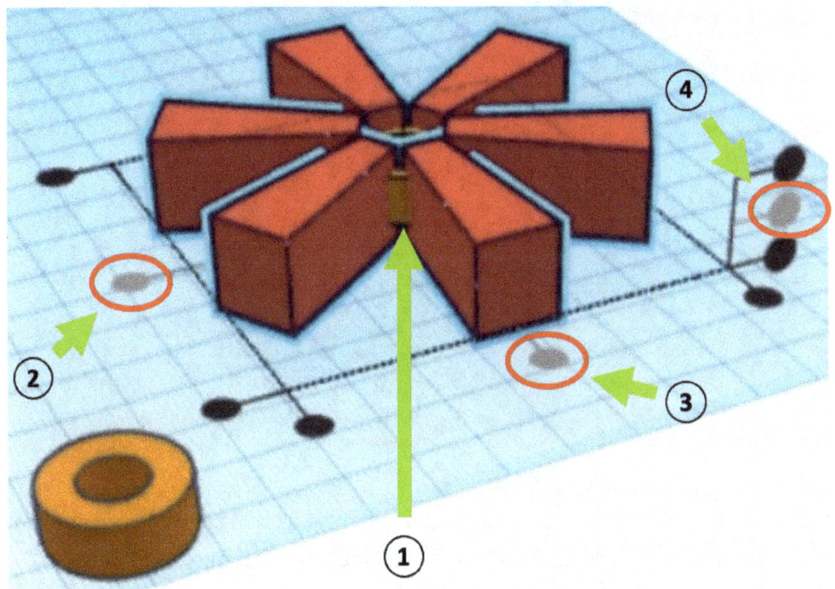

Per perfezionare ulteriormente la geometria abbiamo bisogno di un paraboloide, la cui lunghezza e larghezza sono state modificate in 60 mm ciascuna e l'altezza in 12 mm. Vogliamo creare un'incisione con questo corpo, quindi cambiamo le impostazioni da "Solid" a "Hole".

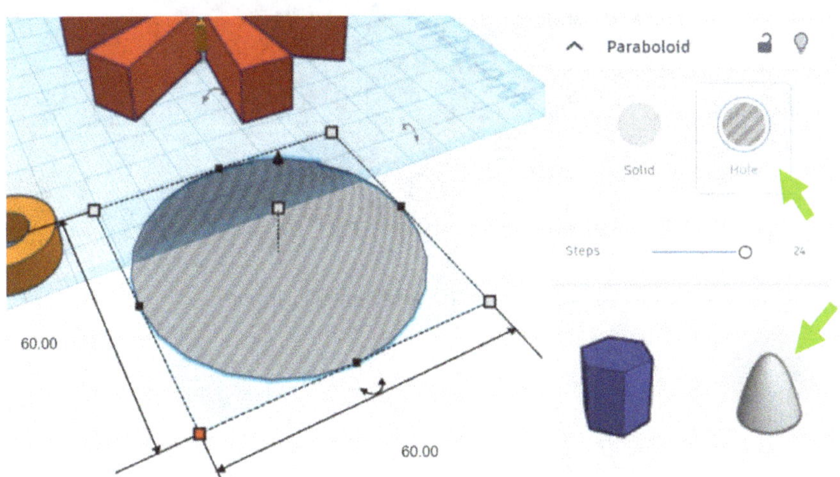

Poi specchiamo il corpo con il comando breve "M" in modo che la curvatura convessa sia rivolta verso il basso.

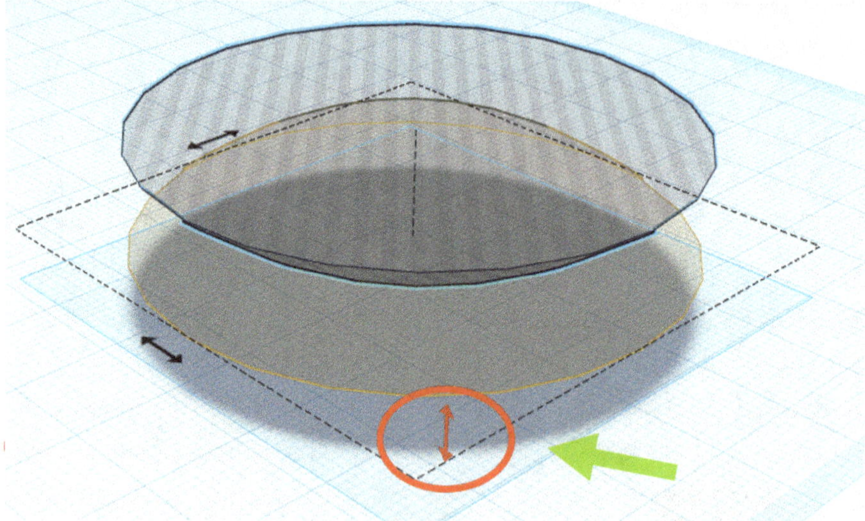

Inoltre, centriamo l'oggetto all'interno del costrutto a forma di stella e lo spostiamo verso l'alto fino a quando la distanza dal pavimento è di 6 mm.

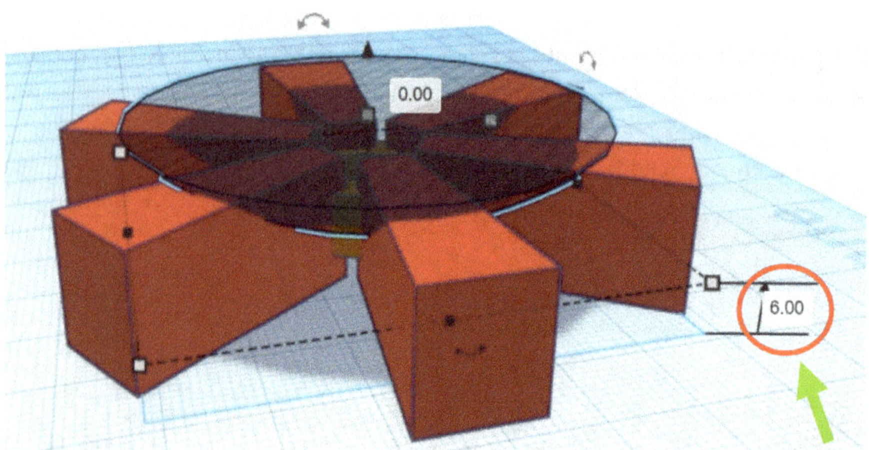

Poi raggruppiamo gli oggetti in modo da effettuare il ritaglio.

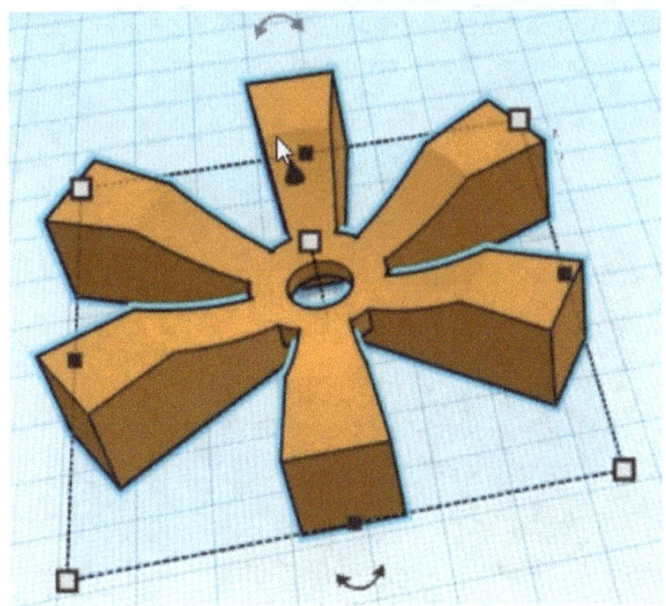

Nella fase successiva, duplichiamo ("STRG+D") l'oggetto raggruppato ① e spostiamo il duplicato ② leggermente verso l'alto. Specchiamo l'oggetto originale nell'area inferiore con il comando breve "L" e la freccia di allineamento ③ come mostrato. I due oggetti dovrebbero essere allineati esattamente l'uno di fronte all'altro.

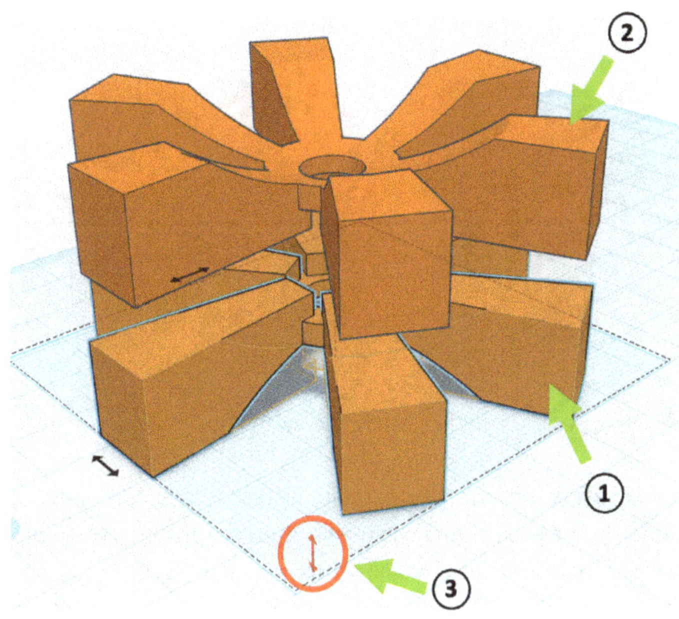

Quindi utilizziamo il comando "Workplane Tool" per posizionare i due oggetti uno sopra l'altro e il comando "Group" per unire i due oggetti.

Da un passo precedente abbiamo ancora un oggetto tubolare ① che utilizziamo in questo passo. Modifichiamo la sua altezza a 17 mm e poi centriamolo al centro ② del nostro oggetto utilizzando il comando "Align" e i punti di allineamento indicati.

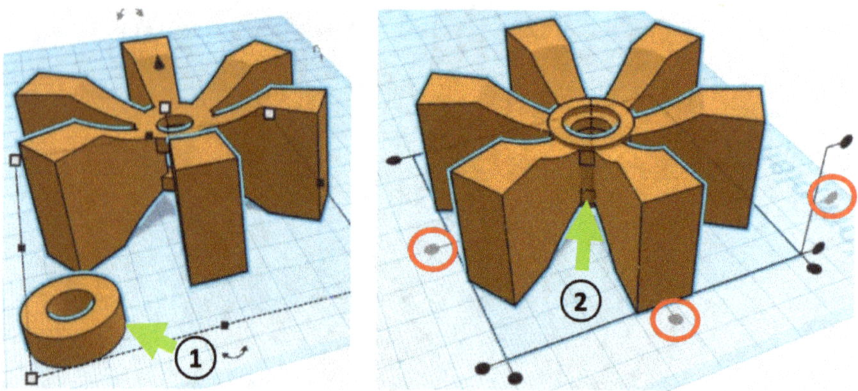

Ora anche la parte interna del cerchio è terminata. Nell'ultimo passaggio raggruppiamo sia la parte esterna che quella interna e poi le spostiamo l'una verso l'altra. Con l'aiuto del comando "Align" centriamo i due oggetti raggruppati.

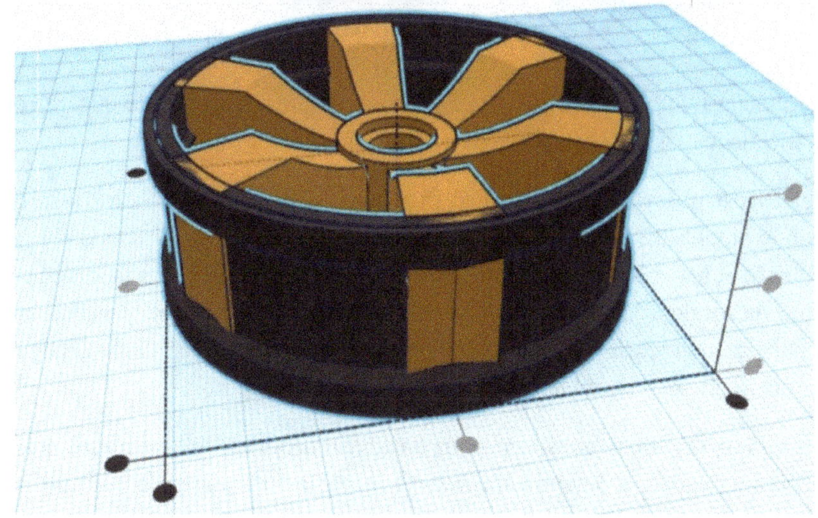

Poi cambiamo il colore e riduciamo la parte interna a 28,75 mm tirando il punto segnato in modo che i montanti non buchino più la parte esterna del cerchio.

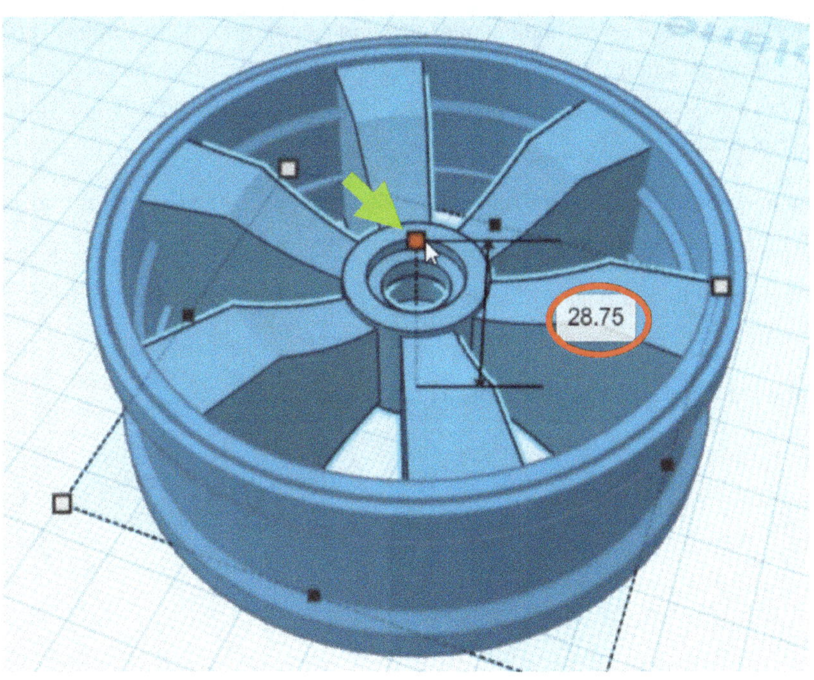

Parole di chiusura

Bravo! Sei arrivato alla fine del corso, è davvero impressionante! In questo corso c'erano alcuni passaggi complessi da padroneggiare.

L'obiettivo di questo libro era quello di migliorare le tue abilità CAD con "Tinkercad" creando modelli 3D impressionanti passo dopo passo. Spero che insieme abbiamo raggiunto questo obiettivo e che tu abbia tratto beneficio da questo libro. Abbiamo creato un totale di quattro progetti notevoli e abbiamo rafforzato ulteriormente l'applicazione di funzioni già note. Quindi hai tutte le ragioni per essere orgoglioso di te stesso se sei arrivato fino a questo punto. Congratulazioni!

Se ci sarà un seguito di questa seconda parte con progetti CAD ancora più creativi è ancora da vedere e dipende anche dalle recensioni di questo libro. Quindi non esitare a lasciare una recensione se il libro ti è piaciuto e vorresti vedere un altro seguito. Ti invito inoltre a tenere d'occhio la mia pagina autore su "Amazon" per rimanere aggiornato.

Non esitare a dare un'occhiata ai miei altri libri su altri argomenti come la stampa 3D, altri programmi CAD più avanzati come "Fusion 360" o "FreeCAD" o anche sull'elettronica e la programmazione con "Tinkercad" e a prenderne una copia se sei interessato.

Se vuoi saperne di più su "Tinkercad", ti consiglio di iniziare con il mio libro "Progetti Arduino con Tinkercad", se non l'hai ancora provato.

Dai un'occhiata alle pagine seguenti, dove troverai una panoramica tematica di tutti i miei libri.

Grazie mille ancora e spero di vederti la prossima volta!

Libri su argomenti che potrebbero piacerti anche

Tutti i libri sono disponibili online sulle solite piattaforme di vendita. È meglio cercare semplicemente il titolo o sentirsi liberi di visitare la mia pagina dell'autore. Alcuni dei libri potrebbero non essere ancora stati pubblicati e appariranno o si troveranno presto. Dai un'occhiata ai libri di tua scelta e portali a casa come e-book o paperback!

Stampa 3D:

CAD, FEM, CAM:

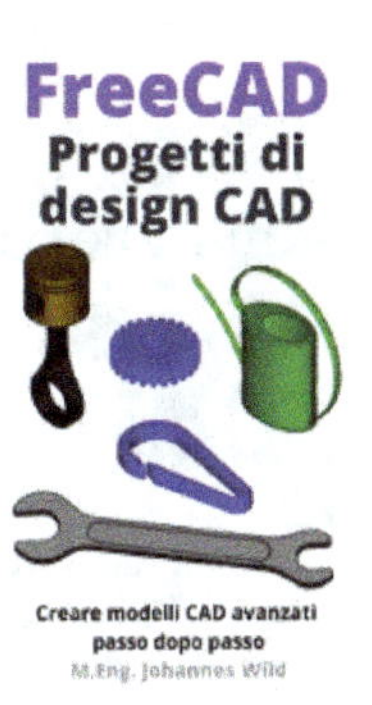

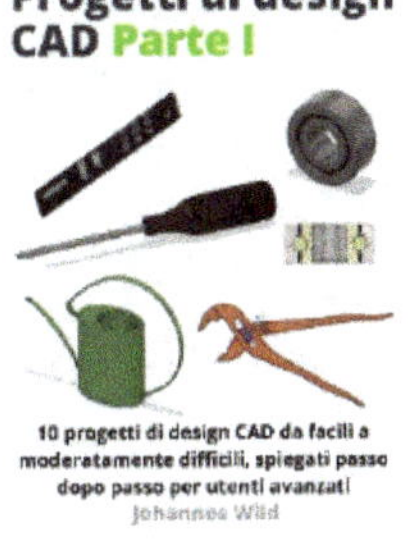

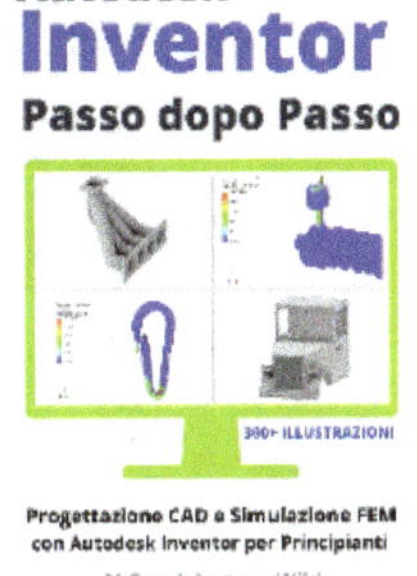

Elettrotecnica:

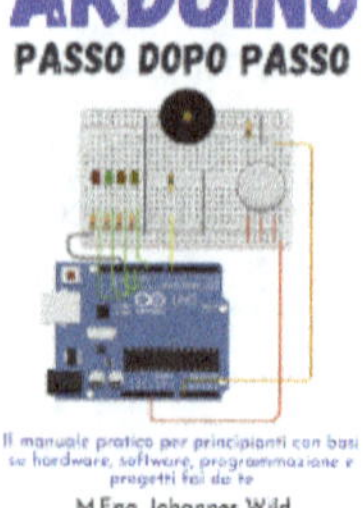

Programmazione e altri software:

Ci sono anche video corsi identici per alcuni di questi libri:

Fusion 360 Passo dopo Passo | CAD,FEM e CAM per principianti
La guida pratica per AUTODESK FUSION 360! Impara la progettazione, la simulazione, la produzione e altro da un ingegnere
M.Eng. Johannes Wild
4.6 ★★★★⯪ (31)
3.5 total hours • 24 lectures • Beginner
Bestseller

Stampa 3D | Una guida passo dopo passo
La guida pratica per principianti e utenti! Un corso per tutti, creato da un ingegnere!
M.Eng. Johannes Wild
4.0 ★★★★☆ (28)
1.5 total hours • 20 lectures • All Levels

Progettazione CAD per principianti | Impara da un ingegnere
La guida practica alla creazione di oggetti e modelli 3D con software di progettazione CAD gratuito per stampa 3D, ecc.
M.Eng. Johannes Wild
4.2 ★★★★☆ (6)
1.5 total hours • 15 lectures • All Levels

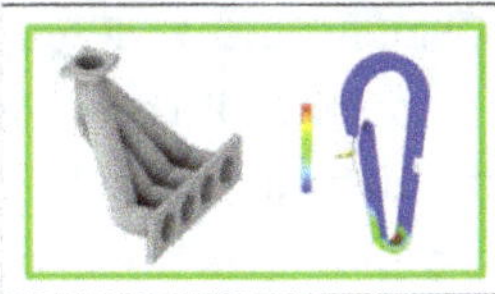

INVENTOR Passo dopo Passo | CAD & FEM per principianti
La guida pratica per AUTODESK INVENTOR! Impara la progettazione CAD, la simulazione FEM e altro da un ingegnere
M.Eng. Johannes Wild
4.2 ★★★★☆ (7)
3.5 total hours • 20 lectures • Beginner

...

Per l'acquisto puoi scegliere tra la piattaforma di apprendimento "Udemy":

Cerca il mio nome su www.udemy.com:

M.Eng. Johannes Wild o usa il seguente link:

www.udemy.com/courses/search/?src=ukw&q=m.eng.+johannes+wild

Iscriviti oggi e approfondisci le tue conoscenze!

Impronta dell'autore/editore

© 2024

Johannes Wild
c/o RA Matutis
Berliner Straße 57
14467 Potsdam
Germany

E-mail: 3dtech@gmx.de

Questo lavoro è protetto da copyright